恋愛の哲学

戸谷洋志

はじめに

恋愛とは何だろうか——それを哲学の観点から考えることが、本書のテーマだ。

私たちは、ほとんどの場合、恋愛が何であるかを体系的に学んでいない。小学校や中学校に恋愛という科目はない。保健体育の時間に性行為について学ぶことはあるかもしれないが、それは恋愛と直接関係ない。あるいは、国語の時間に恋愛を描いた作品を読むことはあるかもしれないが、私たちが（少なくとも、私たちのうちの多くは）それを参考にして恋愛をすることはない。

そうであるにもかかわらず、私たちは、なんとなく他者と恋愛をすることができる。法律で決まっているわけではないのに、なんとなく、恋愛にはルールがあることを理解している。漫画やドラマで描かれる恋愛を手がかりにしながら、流行りの音楽で歌われる詞を参考にしながら、恋愛と呼ばれる営みを、なんとなく実践することができる。

しかし、そのように「なんとなく」実践するには、恋愛はあまりにもリスクの大きい問題である。恋愛は、場合によっては、私たちの人生を激変させる。恋愛によって価値観が豹変することもある。恋愛から新しい家族ができる可能性もある。恋愛によって死ぬ人だっているかもしれない。恋愛は、私たちの人生にとって極めて重大なものなのだ。それに対して、「なんとなく」手を出すこと自体が、とても危険なことではないだろうか。

ここに本書の問題関心がある。**私たちが「なんとなく」分かった気になっている程度のものであるにもかかわらず、人生を大きく左右するもの、それが恋愛だ。**だからこそ本書は、「恋愛とは何か」、「恋愛はどうあるべきか」を、徹底して考察していこう。それは、恋愛を考えることであると同時に、恋愛をしている私たち自身が何者なのかを、問い直すことでもあるだろう。

私たちは、恋愛が何であるかを学校で習わない。文部科学省は恋愛を定義していない。だからこそ、恋愛の定義はあいまいであり、多義的でありえる。

しかし、そうした多義性は、翻って恋愛の理解を画一的にする。恋愛に正解はない。

だからこそ人々は、恋愛の正解を確かめたいと思う。周囲が恋愛をどう捉えているかを意識する。そして、世間で常識とされている恋愛観に、自らを同調させようとする。

マスメディアで恋愛が格好の題材となるのは、誰も恋愛の正解を知らないからであり、そしてだからこそ、正解を求めているからである。恋愛は世間の同調圧力に簡単に飲み込まれる。「みんな」が当たり前だと思っている恋愛観を、誰もがいつの間にか、自分のものにしてしまうのである。

そうした恋愛観として、現代社会においてもっとも大きな影響力を持っているのは、**ロマンティック・ラブ**と呼ばれる考え方だ。

一言で表せば、ロマンティック・ラブとは、恋愛を結婚へ至る過程として理解する恋愛観である。愛し合う二人は、その帰結として結婚し、そして愛の証として子供をもうけ、温かい家庭を築く。恋愛はそうしたゴールを目指すものとして理解されている。私たちの社会ではそれが「当たり前」だと見なされている。この考え方を支持できる人は多数派であり、支持できない人は少数派だと見なされる。

しかし、この恋愛観は歴史的に見ればそれほど古いものではない。ロマンティック・ラブは、西洋においては近代に出現し、日本においては高度経済成長期に浸透した恋愛観である。だからそれは、決して、唯一絶対の恋愛観ではない。多様でありえる恋愛観のなかの、一つの可能性でしかない。そうした事実が見逃され、ロマンティック・ラブこそが唯一絶対だと見なされてしまうと、恋愛の可能性は著しく閉ざされてしまう。たとえば、もしも恋愛が結婚へ至る過程だとしたら、結婚へと至らなかった恋愛は、本当の恋愛ではなかった、ということになる。恋愛関係にありながら、いつまでも結婚しないカップルは、本当に愛し合っているのかを疑われることになる。

同じように、もしも恋愛のゴールが、愛の証として子供をもうけることであるとしたら、子供をもうけていないカップルは、そもそも愛し合っていないことになってしまう。たとえば同性愛の二人も、愛し合っていないことになる。そのようにして、ロマンティック・ラブは、異性愛のみを恋愛の正しいあり方として捉え、同性愛をそこから排除する(こうした言説はヘテロ・セクシズムと呼ばれる)。こうした見方が擁護しえないことは、言うまでもない。

生殖は、性行為と結びついている。恋愛が結婚へ至る過程として理解されるとき、それは二人が性行為をすることを正当化する。本当に愛し合っているなら性行為をするはずだし、性行為をしたくないなら、本当に愛し合っていないはずだ、と人々は考える。そのようにして恋愛は性行為の免罪符になる。しかしそれは、恋人に対して性行為を強要するデート・レイプの温床となる。あるいは、性行為をしないカップルに対して、その二人は愛し合っていないという烙印を押すことにもなる。

このような諸問題を念頭に置けば、ロマンティック・ラブは、単純には擁護しえない恋愛観であると言わざるをえない。もちろん、一人一人が、個人の信念として、恋愛を結婚へ至る過程として捉えることには、何の問題もない。しかし、それが唯一絶対の恋愛観であり、誰もがこの言説に従わなければならない、と考えることは、間違っている。では、それが結婚へ至る過程ではないのだとしたら、恋愛とは何なのだろうか。ロマンティック・ラブが、多様な恋愛観の可能性の一つに過ぎないなら、それ以外にどんな可能性があるのだろうか。

本書は、こうした問いの答えを探るために、恋愛を哲学的に考えていく。ロマンティック・ラブという排他的な言説を相対化し、恋愛を豊かな関係性として理解すること——それが、本書の目標である。

このような観点から、本書では、七人の哲学者の恋愛論を紹介する。プラトン、デカルト、ヘーゲル、キルケゴール、サルトル、ボーヴォワール、レヴィナスである。七人は、それぞれが違った仕方で人間と世界の関係を捉え、その人間観のなかで恋愛を論じている。**恋愛とは何かを考えることは、そもそも人間とは何かを問い直すことを要求する**

からだ。本書は、それらを全体として再構成することで、恋愛を広い視野のもとで捉え直していく。

いくつか注意したいことがある。

本書は、恋愛について哲学的に考えていくが、恋愛に関する唯一絶対の答えとして、何らかの統一的な理論を提示するものではない。七人の哲学者を取り上げるとしても、その七人は、ある何らかの体系的な恋愛論を構成する一部分などではない。筆者は、思想史的な連関を意識しながらも、七人をあくまでも個別に、いわば独立した宇宙を持つ哲学者として、紹介していく。

したがって、本書は恋愛に関する正解を示すものではない。本書が目指すのは、答えを出すことではなく、問い直すことである。絶対的なものを論じることではなく、それを相対化することである。「これしかない」と思われているものに対して、「それ以外にもある」と訴えることである。

また本書は、そもそも、読者に対して恋愛を推奨するものではない。この点ははっきりと強調しておきたい。筆者は人生に恋愛が必要だと思っていない。いま、あなたが恋愛をしていないのだとしたら、そしてあなたが恋愛を必要としていないのなら、あなたは別に恋愛をしなくていい。恋愛の哲学を銘打った世の中の人文書には、しばしば、恋愛こそが人生の価値であり、恋愛ができない人間は劣っているかのように語るものも見かけるが、それらはすべて馬鹿げている。

それでは、恋愛の哲学には何の価値もないのか、と言われると、もちろんそんなことはない。たしかに人間に恋愛は必要ない。しかし、それでもある種の人々は恋愛を始めてしまうのである。しかもそれは、往々にして、自分が始めたいと思っていたわけではないのに、勝手に始まってしまうのだ。

しばしば、恋愛は炎に譬《たと》えられる。それは、何よりもまず、私たちにとって恋愛が制御不可能であるかのように思えるからだろう。もしも、恋愛をしたいときにすることができ、飽きたら簡単にやめられるのだとしたら、どれだけ恋愛は楽だったろう。しかし、そんな風にコントロールできないからこそ、私たちは恋愛に苦しむのである。

恋愛の哲学は、恋愛観を相対化し、多様な愛の可能性を見えるようにするはずだ。それは、たとえて言えば、炎を扱うための道具を取り揃えることにも似ている。あるいは、ロマンティック・ラブもまたそうした道具の一つなのかもしれない。たとえば松明《たいまつ》のようなものだ。しかし、それだけが炎を扱う道具ではない。松明を燃やし尽くしてしまうような業火なら、篝火《かがりび》に灯した方がいいだろう。松明には宿ることのできない暗火なら、ランタンに入れて守るのがいいだろう。松明以外にも、篝火やランタンがあり、ストーブもあればファイヤーピットもあるということ――それを示すことが、本書の目的である。

本書を読み終えたとき、あなたの手元に、何が残っているのかは分からない。しかし、それが答えではなく、問いであったらいいと思う。筆者が期待しているのは、本書に書かれていることを、あなたがただ信じることではない。そうではなく、あなた自身がそこから何かを考え始めることなのだ。だから、本書を読みながら、並行して、あなた自身の力で思考をしていただきたい。「なぜ?」「どうして?」という疑問を、道に足跡を残すように散りばめながら、読み進めていただきたい。

前置きが長くなった。そろそろ、本書の内容に入ることにしよう。

恋愛の哲学へ、ようこそ。

恋愛の哲学　目次

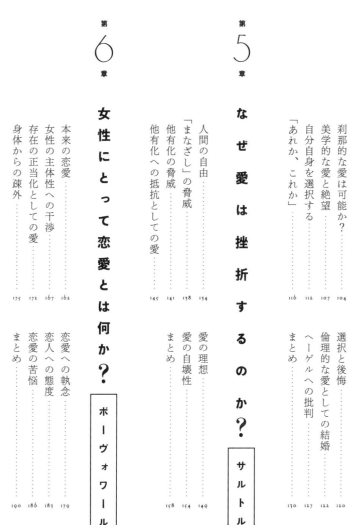

第7章 なぜ恋人と分かり合えないのか？ レヴィナス 194

ブックデザイン　吉岡秀典＋セプテンバーカウボーイ

第一章

なぜ誰かを愛するのか?

プラトン

あなたに恋人がいるとする。あなたはその人を愛している。あるとき、その恋人から、「私のどこが好きなの?」と尋ねられたとする。あなたはその問いに、うまく答えられるだろうか。

これは、とても難しい問いだ。「性格がいいところが好きだよ」と答えるとしよう。しかし、性格がいい人は他にもいるだろう。「容姿が美しいところが好きだよ」と答えても、同じである。容姿の美しい人は他にもいる。「気が合うところが好きだよ」と答えてみてはどうか。前の二つよりはましかもしれない。しかしそれは、もしもこれから先、もっと気が合う相手が現れたら、その人に乗り換えうることを示唆している。もちろんあなたにそんなつもりはないだろうから、この答えもやはり不十分だ。

何が言いたいのかというと、要するに**私たちは、相手を愛しているにもかかわらず、多くの場合、なぜ相手を愛しているのかを説明できない**のである。しかし、これは考えてみれば不思議なことだ。私たちは、恋愛以外であれば、好きなものについて、なぜそれが好きであるかを説明できる。しかし、恋愛ではそれができなくなってしまうのである。それは一体なぜだろうか。

古代ギリシャの哲学者、プラトンは、この問いに対してこう答えるだろう。愛している理由を説明できないからといって、相手を愛していないということにはならない。むしろ――反対に――理由を説明できないからこそ、相手を愛していると言えるのだ、と。

プラトンの問題意識

プラトンは、ソクラテスの弟子の一人であり、西洋の哲学史の源流に位置づけられる哲学者である。形而上学、存在論、認識論、倫理学、美学など、さまざまな領域において、その後の議論の基礎となる思想を残した。そうしたなかでも、彼の恋愛論の影響力は、極めて大きなものである。

もっとも、プラトンの生きていた古代ギリシャと、現代社会とでは、恋愛に対する常識はずいぶん違ったものだった。そのため、実際にプラトンの哲学に入っていく前に、当時の恋愛がどのようなものであったかを、簡単に一瞥《いちべつ》しておく必要があるだろう。

まず、もっとも大きな違いとして、**古代ギリシャの恋愛は、主として男性による同性愛を指していた**。そこでは、恋愛は結婚へと至る過程ではなく、むしろ結婚とは無関係な営みとして、家庭の外側で実践されていた。また、「愛する」という言葉の意味も、私たちが知るのとは違ったものだった。

私たちは、さしあたり、恋愛は愛し合うことであると考える。つまり、恋愛の関係を結ぶ二人は、互いに、同じように相手を愛するべきだと考える。しかし、古代ギリシャにおいて、「愛する」を意味する言葉「アフロディテ」は、能動的要素と受動的要素を明確に区分する動詞だったという。つまり**愛には、能動的に相手を「愛する者」と、受動的に相手から「愛される者」とが分かれていた**のだ。この意味において恋愛はあくまでも一方的で、非対称的な関係として理解されていた。

こうした、「愛する」という言葉の文法的な特徴は、その実践のあり方も規定してい

プラトン

た。当時の慣習では、能動的に相手を愛する者は年長の男性であり、受動的に相手から愛される者は少年だった。恋愛とは、さしあたり、年長者がさまざまな駆け引きによって美しい少年を口説き落とす営みを指していたのだ。

恋愛において、相手を愛しているのは年長者だけだった。年長者は、自分の快楽——具体的には、性欲——を満たすための手段として、いわば快楽の対象として、少年を扱った。そのとき少年はいわば道具として用いられたのだ。

もちろん、少年は年長者との合意の上で恋愛をするのだから、それは強姦ではない。しかし、そこには疑う余地のない暴力の気配がある。そのようにして快楽の対象とされた少年も、歳を取れば大人になり、自律した市民になる。しかしそのとき、かつて年長者から快楽の対象にされていた、という事実は、その名誉を傷つけることになった。

この意味で当時の恋愛は、ある種の慣習として成立しているにもかかわらず、人間関係に歪みをもたらすものだったのである。

当然のことながら、そのような問題を引き起こす恋愛に、疑念を寄せる人々も少なくなかったに違いない。そしてプラトンの恋愛論は、こうした当時の事情を念頭において、語られたものだと考えられている。

最初に、プラトンの基本的な立場を確認しよう。彼はこう考える。すなわち、他者を快楽の対象とする恋愛は、そもそも間違っている。それは暴力であって、そんな恋愛は、そもそもしない方がよい。この意味でプラトンは当時の恋愛観に鋭い批判を向けている。しかし、だから全面的に恋愛をするべきではない、と彼が主張しているわけではない。むしろ私たちには、快楽の対象とするのではない形で他者を愛することもできるのであり、それこそが、本当の愛である。その愛はどのように成立するのか。それを解き明かすことが、彼の恋愛論のテーマになる。

このように眺めるなら、プラトンは、恋愛を暴力的な関係から救出するために、恋愛について思考していたのかもしれない。そうであるとしたら、その理論は、現代を生きる私たちにとっても何らかの示唆を持っているはずである。

現代の日本社会に古代ギリシャのような恋愛の慣習はない。しかし、恋愛という名において公然と暴力がまかり通っているという点では、状況はそれほど大きくは違わないのかもしれない。今日においても、ドメスティック・バイオレンスは依然として存在し、深刻な社会課題として私たちを苛んでいるからだ。

暴力を振るうことは、相手を愛することではない——そうした、人間関係の基本中の基本を、私たちはプラトンから学ぶべきなのではないか。

快楽に基づく愛

他者を快楽の対象とする恋愛を、以下では「**快楽に基づく愛**」と呼ぶことにしよう。これは、プラトン自身が使っている表現ではなく、議論を分かりやすくするための、便宜的な呼称である。

快楽に基づく愛とは、他者から何らかの快楽を得ようとする愛である。快楽として想定されるものは多様である。たとえば性欲はその一つだろうが、それがすべてではない。相手の容姿の美しさを眺められることも快楽だろうし、あるいは気持ち良いコミュニケーションをしてくれる、ということも快楽だろう。とにかく、広い意味で、相手と一緒にいると気持ちよくなれる関係が、快楽に基づく愛である。

しかし、プラトンによれば、こうした愛は必ず暴力へと転じる。彼は次のように述べる。

欲望に支配され、快楽の奴隷となっている者が、その恋の相手を、できるだけ自分にとって快いものに仕立てあげるのは、けだし必定のことであろう。しかるに、ひとが病んでいるときには、すべて自分にさからわないものが快く、逆に自分より力づよいもの、等しい力をもったものはいとわしい。だから、恋する者は、愛人が自分より力づよい者であるのも、自分と等しい力をもった者であるのも、がまんする気にならないで、つねに、相手を自分より劣った、力の弱い人間に仕上げることになる。

プラトン『パイドロス』

ここでプラトンは、快楽に基づく愛の暴力性を、快楽という概念の構造から分析している。彼によれば、**人間がある対象に快楽を感じるのは、その対象が自分よりも弱いとき**である。言い換えるなら、その対象が「私」にとって脅威ではなく、「私」がその対象を支配できる関係にあるとき、「私」は対象から快楽を感じられるのだ。

たとえば動物を可愛いと思えるのは、その動物が自分を襲ってこないときである。ライオンに襲われて必死で逃げているとき、そのライオンを可愛いとは思える人など、誰もいないだろう。そう思えるためには、ライオンが檻の中に閉じ込められ、常に監視の目にさらされ、その本来の力が奪われていなければならない。

同じことが恋愛においても当てはまる。「私」が相手から快楽を感じるのは、相手が「私」を脅かさないときである。そうである以上、快楽に基づく愛において、相手を愛するということは、相手を自分よりも劣った存在として扱うことができ、自分の思うままに支配することができる、ということを前提とする。もしも相手が自分にとって脅威になりそうになったら、「私」は容赦なく相手に働きかけ、その力を奪い、「力の弱い人間に仕上げる」ことに専心する。

これは、前述のようなドメスティック・バイオレンスに相当する行為である。相手が自分に刃向かおうとすれば、威圧して何も言えないようにする。相手が第三者に助けを求めようとすれば、人間関係を妨害し、孤立させる。そのようにして、相手を自分に従属させることを、快楽に基づく愛は促すのである。

このような関係は、相手を愛する者にとっては利益があるのだとしても、愛される者にとっては何の利益もない。だからこそプラトンは快楽に基づく愛について次のように指摘する。

もともと、恋にとらえられ、その力に強いられて理性をみうしなっている人間には、けっして身をまかせるべきではなく、恋をせずに理性を保っている人を選ぶのが、はるかによいのだ〔……〕。

プラトン『パイドロス』

彼がそう考えるのは当然だろう。快楽に基づく愛において、愛される人は、ただ傷つけられるだけであるからである。

愛している理由

快楽に基づく愛において、なぜ「私」が相手を愛しているのかは、明確である。たとえば、容姿の美しい人を、その容姿の美しさによって愛しているのであれば、「私」が相手を愛している理由は「容姿の美しさ」である、と言えるだろう。

しかし、このような説明は、本章の冒頭で述べたように、次のような疑念を引き起こさせる。すなわち、容姿が美しい人は他にもいるのだから、もっと容姿が美しい人が現れたら、その人に乗り換えてしまうのではないか、ということだ。それに対して、快楽に基づく愛を楽しむ人は、おそらく平気な顔をして「そうだ」と言うだろう。なぜなら、このような愛は、快楽を得るための手段として相手を愛しているに過ぎないからだ。目的は快楽そのものであって、その目的を果たすための手段が何であるか、つまり愛する相手が誰であるか、ということは本質的な問題ではない。だからこのような人は、簡単に浮気をするだろうし、浮気をすることが恋愛を傷つけるとさえ思わないだろう。

それに対して、私たちには、自分が相手を愛している理由がうまく説明できないこともある。これは、快楽に基づく愛には、決して起こりえないことだ。なぜなら、快楽に基づく愛は、必ず快楽を目指しているからである。愛している理由を説明できない以上、それは快楽を目指しているとは言えない。そうであるとしたら、こうした愛は快楽に基づくものとしてではなく、別の種類の愛として説明されなければならない。そう考えざるをえない。

プラトンは、自分が相手を愛している理由が分からない、という事態について、次のように述べている。

かくして、この愛人は恋する――しかし、何を恋しているのであろうか。彼はそれがわからずに、とほうにくれる。彼は、自分の心を動かしているものが何であるかを知りもしなければ、説明することもできない。たとえてみれば、ひとから眼の病いをうつされたときのようなもの、何が原因でこうなったのか、言うことができぬ。

プラトン『パイドロス』

プラトンによれば、ある種の仕方で相手を愛する人は、なぜ自分が愛しているのかを説明できない。ただしそれは、そこに何の理由もないからではない。むしろ、何らかの理由は確かに存在するはずである。**理由があるにもかかわらず、その理由を説明できない**のである。

プラトンは、愛の根拠として理由があることに、あくまでもこだわる。なぜなら、もしも理由がないのなら、愛する相手は誰であってもよくなってしまうからだ。「私」の愛する相手が、他の誰でもなく、まさにその人でなければならないのだとしたら、そこには必ず理由があるのだ。しかしそれを説明することはできない。だからこそその愛は、快楽に基づく愛ではないのである。

前述の通り、プラトンは、快楽に基づく愛には厳しい批判を向けるが、恋愛全般を退けるわけではない。彼は、この、自分でも理由を説明できない愛のうちに、本来の愛の可能性を見出そうとするのである。

狂気に基づく愛

そもそも、理由が説明できない、ということは何を意味しているのだろうか。私たちが何らかの理由に基づいて行為をするとき、その理由が説明できる場合と、説明できない場合がある——そう仮定するとして、両者の間にはどのような違いがあるのか。

説明するということは、他者に理解してもらう、ということである。したがって、理由を説明できるということは、誰もがその理由を同じように理解できる、ということだ。誰からも理解されないなら、その説明は説明になっていない。説明可能な理由は、人々の共通の了解に当てはまるもの、その意味で世間の常識に従ったものである、と言える。

たとえば「私」が、レストランで赤ワインを頼んだとしよう。それを見ていた友達が、「なんで赤ワインを頼んだの?」と聞いてきたとしよう。それに対して「私」は、「だってこれから肉料理を頼むから」と説明する。友達はこの説明に納得してくれるはずだ。なぜなら、世間の常識では、赤ワインは肉料理によく合うお酒とされているからである。「私」の説明が説明として成立しているのは、それがこうした常識の範疇に留まっているからである。

快楽に基づく愛が、明確な理由を説明できるのも、同じ理屈である。誰だって容姿が美しい人を見るのは気分がいい。それは、「私」だけではなく、みんながそうなのだ。この意味において快楽に基づく愛は、世間から理解してもらえるし、社会の常識から決して逸脱しない。

それに対して、自分がなぜ相手を愛しているのか説明できないとき、「私」はその愛を、他者に理解してもらうことができない。そのとき恋愛は、社会の常識に留まるものではなく、それを逸脱したものになってしまう。プラトンは次のように述べる。

彼は、母を忘れ、兄弟を忘れ、友を忘れ、あらゆる人を忘れる。財産をかえりみずにこれを失っても、少しも意に介さない。それまで自分が誇りにしていた、規則にはまったことも、体裁のよいことも、すべてこれをないがしろにして、甘んじて奴隷の身となり、人が許してくれさえすればどのようなところにでも横になって、恋いこがれているその人のできるだけ近くで、夜を過そうとする。

プラトン『パイドロス』

私たちはしばしば、誰かを愛することで異常な行動をしてしまう。自分の大切なものを手放し、奇行に走ってしまう。それらは世間の常識では説明ができない事態だ。しかも「私」は自分が望んでそうした状態に陥っているわけではない。なんで自分がそうなってしまったのか、自分でも分からない。だからこそ、相手に愛を説明することなんてできないし、その愛は周囲から理解されないのである。

現代では、「恋は盲目である」とよく言う。しかしこの言葉は、プラトンの哲学に従うなら、正確ではない。盲目であるということは、何も見えなくなっている、見境なく行動している、ということだろう。しかし愛は見境のないものではない。そこには、そのように自分が相手を愛するに至った、明確な理由があるのだ。だがその理由が何かは分からないのである。

このように、自分にも周囲にも分からない理由によって行為することを、一般に、**狂気**と呼ぶ。したがって、説明不可能な理由に基づく愛は、**狂気に基づく愛**である、と考えることができる。問題なのは、この狂気がいったい何を意味するのか、ということだ。

狂気の価値

狂気と聞くと、何かネガティヴなものを想像するかもしれない。しかし、プラトンにとって狂気は必ずしも悪い概念ではない。彼は、むしろ、そこに積極的な価値を見出している。

たとえば、芸術を例に挙げて考えてみよう。有名な芸術家のなかには奇行を繰り返す人が少なくない。そうした人は、自分なりには何らかの理由があってそうした行動をしているが、周囲からは決して理解されない。だから、そうした芸術家は狂気に駆られている、と評される。では、芸術家が狂気に駆られていることは悪いことだろうか。もちろんそんなことはないだろう。むしろ狂気は偉大な作品を創り出す原動力になる。それは芸術家にとって創造性の源なのである。

なぜ、狂気は創造性の源なのだろうか。それは、狂気の定義を裏返せば簡単に説明がつく。すなわち狂気は、それが周囲から理解されないものだからこそ、周囲の理解を超えたものを創り出すことができるからである。人々の常識を打ち破り、誰も想像できなかったことを想像し、常識に揺さぶりをかけること――そこにこそ、芸術家の狂気の価値がある。

反対に、まったく狂気に駆られていない芸術家を想像してみよう。常識的な生活をし、みんなと同じような行動をし、自分が作った作品に対して、誰もが簡単に理解できる説明をする芸術家――そんな人がいるだろうか。おそらく、そうした人は芸術家としては大成しないだろう。なぜなら、その人は**凡庸**であり、みんなが作れるものだけを作り、誰にでも語れることだけを語るからである。そうした人に、人々の胸を打つ作品は作れない。

狂気に基づく愛にも同じことが言える。その愛は常識を逸した行動をさせる。しかし、だからこそ、その愛は常識を超えたものであり、非凡なものであり、偉大なものだ、と言うこともできる。

反対に考えてみよう。常識の範疇に留まる愛とは何だろうか。それは、誰もが経験する、どこにでもある、何の変哲もない愛に過ぎない。そうした愛は陳腐だ。プラトンは次のように述べる。

恋していない者によってはじめられた親しい関係は、この世だけの正気とまじり合って、この世だけのけちくさい施こしをするだけのものであり、それは愛人の魂の中に、世の多くの人々が徳としてたたえるところの、けちくさい奴隷根性を産みつけるだけなのだ。

プラトン『パイドロス』

プラトンは、本当の意味で愛し合っていない人の関係性を、**「けちくさい奴隷根性」**に駆られたものとして説明する。

たとえば、「私」が自分の恋人を紹介するとき、こんな風に言ったらどうだろうか。「私はこの人のことが好きなんです。なぜなら、この人は容姿が美しく、仕事もでき、年収も高いからです」。こうした説明は非常に説得力がある。しかし、私たちは、この人が本当に相手を愛しているのか、疑問に思うのではないだろうか。結局それは、外見や年収にこだわりを示す、「けちくさい奴隷根性」の表れにしか見えないのではないか。

狂気に基づく愛は、そうしたけちくささを超えるのである。「私」が愛する相手は、もしかしたら容姿が美しくないかもしれないし、年収も高くないかもしれない。しかし、本当に相手を愛しているなら、そんなことはそもそも問題にはならない。そのような基準で恋人を評価すること自体が、凡庸で下らないことだからだ。**愛は、そうした常識への拘泥から、「私」を解放する**のである。

この意味において、狂気は「私」を世間への囚われから自由にする。プラトンはそこに、愛の真価を見出すのである。

生まれる前の記憶

狂気に基づく愛において、相手を愛する理由は確かに存在する。そうであるにもかかわらず、「私」にはその理由が分からない。ここで次のような疑問が生まれたとしても不思議ではない。なぜ、その理由が何であるのかは分からないのに、それでも「そこには理由がある」と言えるのだろうか。なぜ、「そこには何の理由もない、理由があると思うことは誤解である」、ということにはならないのだろうか。

この疑問に対するプラトンの回答は、かなり思い切ったものである。すなわち、彼はそれを、**神話**によって説明するのである。

神話などと聞くと訝しく思うかもしれない。しかし、プラトンの思想は一応筋が通っている。狂気は常識を超えたものだ。そうである以上、それは私たちの生きる現実を超えたものに基づいて、説明されるべきである。私たちを超えたものとは何だろうか。たとえばそれは、神だろう。そうであるとしたら、神との関係から狂気を説明したとして、そこには何も不思議はない。

もちろん、神話はあくまでも神話である。それは決して実証的に証明できるものではない。私たちがそこに期待できるのは、あくまでも、このように考えれば愛を理解できるようになる、という、仮説的な物語に過ぎない。それでも、それが本当に誰かを愛することを素描できるなら、十分に価値がある試みだろう。

では、プラトンは狂気に基づく愛を説明するために、どんな神話を提示するのだろうか。ここで彼は、自らの哲学の代名詞でもある、**想起説**と呼ばれる理論と関連づけて、愛を説明している。以下ではその議論を簡単に再構成してみよう。

まず、前提として、プラトンによれば人間の魂は不死である。もちろん、人間が現世において不老不死である、ということではない。人間には寿命があり、いつかは死ぬ。しかし、死んだあと、人間は死後の世界に舞い戻り、しばらくしてから再びこの現世に生れ落ちてくる。要するに、人間の魂は輪廻転生するのである。

では、死後の世界とはどのような場所なのだろうか。プラトンによれば、そこは神々の住まう領域であり、永遠不変の真理が燦然と輝く美しい光景が広がっている。人間はそうした神々の世界から現世へと墜落し、この世に生を受けるのだ。そして、ここがポイントだが、人間は現世に生れ落ちるとき、神々の世界の記憶をすべて失くしてしまう。すなわち、**生まれてくる前は真理が何であるかを知っていたのに、それらを忘れてしまう**

のである。

現世に生まれた人間は、真理が何かを忘れたまま、世間で語られる誤った知識を鵜呑みにしてしまう。そして、移ろいやすく虚しい常識を携えながら、一生を過ごすことになる。

ところが、私たちにはあるとき、神々の世界にいたころの記憶を思い出すことがある。それはどのようなときか。プラトンによれば、それが、誰かに恋をしたときに他ならない。なぜなら私たちは、その人の美しさのうちに――ここでいう美しさとは、単に見た目がよいということだけではなく、もっと深く、神秘的な魂の共鳴のようなものだろう――、神々の世界の美の面影を見出すからである。プラトンはそうした出来事を「**想起**」と呼ぶ。

恋は想起を引き起こす。ただし、想起が完全に実現され、失われていた記憶がすべて蘇るわけではない。プラトンは次のように説明する。

この世のものを手がかりとして、かの世界なる真実在を想起するということは、かならずしも、すべての魂にとって容易なわけではない。ある魂たちは、かの世界の存在を見たときに、それをわずかの間しか目にしなかったし、またある魂たちは、この世に墜ちてから、悪しき運命にめぐり合せたために、ある種の交わりによって、道をふみ外して正しからざることへむかい、むかし見たもろもろの聖なるものを忘れてしまうからである。そういうわけで、結局、その記憶をじゅうぶんにもっている魂はといえば、ほんの少数しか残らない。これらの魂たちは、何かかの世界にあったものと似ているものを目にするとき、おどろきに我を忘れ、もはや冷静に自分を保っていられなくなる。だが彼らは、それをじゅうぶんに認知することができないために、何がわが身に起こったのかわからない。

プラトン『パイドロス』

想起は不完全である。誰かを愛するとき、「私」はその人の美しさのうちに何かを思い出す。しかし、自分が何を思い出しているのかは、よく分からない。ただ、何かをずっと忘れていたということ、そしてその記憶の呼び起こされそうになっているということだけを、感じ取るのである。だから、相手を愛している理由は自分でも分からないし、説明もできないのだ。

言うまでもなく、この神話は一つのフィクションである。しかしプラトンは、そうしたフィクションでなければ説明することができない、ある種の特有な感覚が、愛にはあると考えたのだ。それは何なのだろうか。

筆者が解釈する限り、おそらくそれは、**私たちが誰かに恋しているときに感じる、ある種の懐かしさ**ではないだろうか。

この世界に美しい人はたくさんいる。しかし、ただ美しいだけでは、私たちはその人に恋をしない。それに対して、私たちが恋に落ちるのは、初めて出会ったはずの人に対して、まるでずっと昔にも会っていたことがあったかのような、懐かしい気分を催すときではないだろうか。それによって、ずっと忘れていたはずの記憶の扉が、少しだけ、開くような気がするときではないだろうか。

当然のことながら、それは合理的に説明できる感覚ではない。普通に考えればただの錯覚である。しかし、プラトンはそこに、本当の愛によって喚起される、もっとも根本的な感覚があると考えたのである。

相手を理解しようとすること

プラトンは、想起説と結びつけることによって、狂気に基づく愛のうちに新たな価値を見出す。それは、恋愛が私たちを思慮深くする、ということだ。

再び、快楽に基づく愛について考えてみよう。前述の通り、それは簡単に暴力に結びつく。なぜなら私たちは欲望に駆り立てられているからだ。快楽を求めて恋愛をする人は、自分の欲望の奴隷になってしまうのである。

欲望は変わりやすく、不安定である。私たちが欲望を抱く対象は簡単に移ろってしまう。快楽に基づく愛は、そうした不安定さに抵抗することができない。誰かを愛していても、すぐに他の人に目移りし、あっさりと恋人に対して冷淡になってしまう。

そうした不安定さは、世間の常識の移ろいやすさと軌を同じくする。たとえば美人の基準は非常に短いスパンで変化する。ファッションやメイクのトレンドは毎年変わる。世間で美しいとされる顔は、それほど容易く移ろってしまうのである。常識は、それに従っている間は不変であるように思えても、俯瞰してみれば、実は節操もなく変わっていくものなのだ。

このような不安定さは、私たちに虚しさを催させる。快楽を求めて他者を愛する限り、その愛は永遠には続かない。次の瞬間には、自分の気持ちが変わっているかもしれないからだ。その不安定さを、快楽に基づく愛は決して乗り越えられない。

もしもこの虚しさを克服しうる愛があるとしたら、それは、快楽とは異なる原理に基づいて他者を愛すること、世間の常識に囚われることなく他者を愛することでしかないだろう。そうした愛こそが、狂気に基づく愛なのである。

狂気は、前世の記憶の想起によってもたらされる。そこで思い出されるのは、神々の国において、永遠不変の真理を目の当たりにしたという体験に他ならない。そうであるとしたら、狂気に基づく愛は、快楽に基づく愛とは異なり、変わらないもの、真実を目指す愛である、と言える。そのように他者を愛する者は、自分の欲望に翻弄されることなく、自分自身をコントロールすることができるのだ。プラトンは次のように述べる。

精神のよりすぐれた部分が、二人を秩序ある生き方へ、知を愛し求める生活へとみちびくことによって、勝利を得たとしよう。その場合まず、この世において彼らが送る生は、幸福な、調和にみちたものとなる。それは彼らが、魂の中の悪徳の温床であった部分を服従せしめ、善き力が生ずる部分はこれを自由に伸ばしてやることによって、自己自身の支配者となり、端正な人間となっているからだ。

プラトン『パイドロス』

プラトンによれば、愛し合う二人は、「**自己自身の支配者**」となる。それが意味しているのは、欲望の奴隷にならないということ、世間の常識を気にすることなく、自分が本当に求めるべきものを求めることができる、ということだ。

そのように自分自身を支配することは、「**知を愛し求める**」こととも言い換えられている。ただしこれは、たとえば愛し合う二人が博識になるとか、本を読むようになるとか、そうしたことを意味するわけではない。それはむしろ、何事においても本当のことを知ろうとするようになる、ということである。

たとえば、愛する人と喧嘩をしている場面を想像してみよう。相手から自分の欠点を批判され、プライドを傷つけられた「私」は、衝動的に大きな声で怒鳴りたくなってしまうとする。

もしも、相手に対して快楽に基づく愛を寄せているとしたら、「私」は相手を迷うことなく怒鳴るだろう。なぜなら、「私」にとって大切なのは自分の快楽であり、それを脅かす相手を許すわけにはいかないからだ。そのとき、「私」は欲望によって支配された奴隷状態に置かれている。

それに対して、もしも相手を本当に愛しているのなら、「私」はその瞬間に自分を襲う怒りを押し殺し、相手の声に耳を傾けることができるだろう。相手が、なぜ「私」に不満を持っているのかを、理解しようと努めるだろう。そして、もしも自分に本当に非があるなら、誠実に頭を下げることができるだろう。

それが、**欲望に囚われず、本当のことを知ろうとする、という態度**である。愛は、相手をありのままに理解し、尊重すべきものを正しく尊重することを促す。そうあるためには、私たちはただ快楽に溺れるのではなく、思慮深さを身につけなければならないのだ。

まとめ

プラトンの恋愛論には明確な問題意識がある。それは、恋愛を暴力から区別する、ということだ。だからこそ彼は、恋愛を快楽と欲望に基づくものとしてではなく、狂気に基づくものとして説明した。それによって、相手を傷つけず、自らの欲望を制御し、自分自身をコントロールするような恋愛のあり方を、描き出したのである。

このことは、プラトンが本当の恋愛を語るとき、主語を「二人」としている点にも表れている。愛するということが、能動態と受動態に分離するとき、そこには暴力が生まれる。それに対してプラトンが理想とした恋愛は、二人が互いを愛し合い、それによって善き生活を実現しようとすることなのだ。彼にとって**愛し合う二人は、決して、相手を道具扱いすることなく、互いを大切なパートナーとして尊重し、協働しながら共に生きていく関係**にある。恋愛の関係性をこのように捉えた点に、プラトンの恋愛論の革新性がある。

哲学における恋愛論の歴史はプラトンから始まる。後世の恋愛論は、多かれ少なかれ、プラトンからの影響を受けている。ある者はそれを継承し、またある者はそれを乗り越えようとする。しかし、いずれにしても、もしもプラトンが存在しなければ、現在、私たちが知る恋愛論の歴史は、まったく違ったものになっていたはずだ――それは疑う余地のない事実だろう。

では、そうした影響は具体的にはどのようなものだったのだろうか。ここでは二つのポイントを挙げておきたい。

第一に、プラトンが恋愛を**永遠性**によって説明した、ということである。理想的な恋愛とは、刹那的であったり、不安定であったりすることのない、変わることのない愛である。プラトンの場合、その永遠性を担保しているのは、生まれてくる前の神々の国の真理だった。後世の哲学者もまた、こうした恋愛の永遠性をどのように捉えるべきか、という問いに、自分なりの仕方で応答を迫られることになる。

第二に、プラトンが恋愛を**相互的な関係性**として説明した、ということである。恋愛は、一方が相手を愛するだけでは不十分だ。それはあくまでも、二人が互いを愛し合う関係でなくてはならない。ここから、「私」が他者を愛するということだけではなく、他者が「私」を愛しているのか、またそのことをいかにして「私」が知りうるのか、という問いが、重要な関心として出現してくる。そしてそれもまた、後世の恋愛論において鍵となる論点となる。

最後に、改めて確認しておきたい。愛は暴力ではない。プラトンは二千年以上前にそう訴えていた。しかし、私たちはまだその知恵を十分に理解していないようだ。だからこそ、プラトンは現代においても読み直されるべきなのである。

第2章 なぜ恋愛に執着するのか？

デカルト

恋愛は人を幸せにするだろうか。「する」と答える人も、決して少なくないだろう。そうでなければ、誰も自ら恋愛をしようとしないはずだからだ。しかし、恋愛には固有の苦しみもまた潜んでいるように思える。そしてその苦しみのいくつかは、恋愛がもたらす幸福と、表裏をなしているようにも思える。

たとえば、恋人と一緒にいることが幸福であればあるほど、恋人と離れ離れになることは辛くなる。あるいは、何かの拍子に恋人から連絡が来なくなると、どんどん不安が募っていき、いてもたってもいられなくなる。

そうした苦悶に耐えられなくなった人は、恋人がどこにいるのか、何をしているのかを、常時把握し、できることなら恋人を管理しようとする。その姿は、側から見れば、恋人に執着しているようにしか見えない。最近では、位置情報を共有するアプリが、若者の間で流行していると聞くが、それもまたこうした執着の表れなのではないだろうか。**なぜ、人は恋人に対して執着してしまうのだろうか**。それは、良いことなのだろうか、それとも悪いことなのだろうか。本章ではこの問題を、近代フランスの哲学者ルネ・デカルトとともに考えてみたい。

恋愛を科学する

前章で扱った古代ギリシャのプラトンから、近代フランスのデカルトへと、一気に時代を飛ぶことになった。当然、デカルトが恋愛を論じる文脈は、プラトンとはまったく違ったものになる。ここでは、彼の恋愛論に入る前に、その背景として、二つの歴史的な動向を確認しておきたい。一つは、**恋愛観の変容**であり、もう一つは、**真理観の変容**である。

古代ギリシャにおいて、恋愛は美しい関係として理想化されていた。しかし、こうした恋愛観は、キリスト教の普及に伴って大きく変化する。そこでは生殖を目的としない性行為は罪として禁止され、恋愛は堕落であると見なされていった。さらに、同性愛は禁忌として位置づけられ、古代ギリシャ的な恋愛は不可能になった。このようにして、誰も公に恋愛をできなくなった。そして一千年以上の月日が流れることになる。

こうした状況に変化を与えたのは、一二世紀の南フランスに出現した、トゥルバトゥールと呼ばれる抒情詩人たちだった。そこでは、騎士と貴婦人の恋愛を「まことの愛」として描くことが流行した。このような恋愛は、一般に**騎士道的恋愛**と呼ばれ、今日の恋愛の原型として理解されている。

ルネッサンス時代になると、騎士道的恋愛は上級貴族たちによって模倣・実践されるようになり、**宮廷的恋愛**へと姿を変えた。ただし、古代ギリシャにおいてそうであったのと同様に、騎士道的恋愛も、宮廷的恋愛も、家庭の外側で演じられるものであり、結婚の過程として位置付けられるものではなかった。恋愛と結婚が結びつくのは、もう少し後の話である。

デカルトは、さしあたり、宮廷的恋愛を念頭において恋愛について論じている、と言えるだろう。彼にとって、**恋愛は何よりもまず異性愛であり、貴族による社交の一つとして実践されるもの**だったのだ。

デカルト

一方で、デカルトの生きた時代は、真理に関する考え方も大きく変化した。ごく大雑把に言えば、中世のヨーロッパ社会において、真理の根拠はキリスト教の権威に置かれていた。教会が正しいと認めたことが真理であり、認められないことは誤謬《ごびゅう》だった。たとえ実験によって証明された知識であっても、キリスト教の世界観に整合しなければ、それは誤ったものとして退けられたのである。

こうしたキリスト教の支配から、知識を解放しようとする運動が、近代に巻き起こる。その立役者として活躍したのが、デカルトに他ならない。彼は、疑いうるものをすべて疑い、それでも明らかに確かだと思えることこそが、真理であると考えた。すなわち**真理は、人間が自らの理性によって獲得するものであり、決して外部の権威によって保証されるようなものではない**のだ。このような観点から、確実に正しいと言える知識に到達するための方法論として、彼は**演繹法**《えんえきほう》と呼ばれる推論の手法を提唱した。その手法は、同時代における真理の探究に理論的な基礎を与え、**自然科学の勃興**を促すことになった。

このように、近代の精神にとって重要な役割を演じたデカルトは、恋愛をも、科学的な手法によって説明しようとする。ここに、デカルトとプラトンの決定的な違いがある。第1章で述べた通り、プラトンは恋愛を神話によって説明した。彼にとって恋愛は、そもそも実証的には説明できないもの、常識的な理屈を超えたものだった。だからこそ、恋愛には価値があったのだ。それに対してデカルトは、恋愛をあくまでも実証的に説明しようとする。すなわちそれは、現実の世界の理屈によって、他の自然現象と同じように、科学的に解明できる出来事として再構成されるのだ。

このように、宮廷的恋愛の流行と、自然科学の勃興という、二つの歴史的動向が交錯する地点で、デカルトの恋愛論は語られるのである。

では、そこで愛はどのように説明されたのだろうか。デカルトはそれを、一つの自然的な概念によって考察する。それが、「**情念**」だ。

情念としての愛

デカルトは精神のあり方を、能動性と受動性に区別している。能動性とは、自分から働きかけるということ、受動性とは、外部によって働きかけられるということだ。精神は、必ず、能動的か受動的かのいずれかの状態にある。以下ではそれぞれを順に見ていこう。

デカルトが**精神の能動性**として挙げるのは、**意志の働き**である。何かを意志するとき、私たちは自分たちから外部の世界へと働きかける。このとき、意志が自由であるのは、こうした働きかけが何ものによっても強制されていないからである。

たとえば、テーブルの上に置いてあるものを取ろうとするとき、私たちは意志を発揮する。しかし、私たちにはそのものを取ることも取らないこともできる。取らなければならないわけではないときに、あえて自分で取ることを選択して取るからこそ、それは**自由な意志**と呼ばれるのだ。

一方で**精神の受動性**は、これと反対に、外部によって精神が強制されることを意味する。このように強制される形で作用する精神のあり方が情念に他ならない。

前述の通り、デカルトにとって恋愛はそうした情念の一つである。しかし、恋愛だけが情念のすべてではない。むしろ彼は、人間の情念としてさまざまな概念を検討している。

たとえばデカルトは、情念の一つとして「**驚き**」を挙げている。私たちは予想を裏切られるような事態に遭遇したとき、驚く。驚きは、明らかに、人間の精神に起こる出来事である。しかし人間は驚きを自分で選択しているわけではない。驚くか驚かないかを自分で選択して、驚いているわけではない(もしもそうした選択が可能であるとしたら、それは驚いた演技をしているだけだろう)。驚くべき事態に遭遇したとき、人間は必然的に、ある種の強制に従って驚くのである。したがって驚きは人間を受動的にさせるのである。だから驚きは情念なのだ。

では、こうした情念はどのようにして人間の精神に生じるのだろうか。

この疑問に対するデカルトの説明は、あくまでも科学的だ。彼は、人間の身体には「精気」と呼ばれるエネルギーがめぐっており、その運動によって、人間の精神にさまざまな影響が情念として生じる、と考えた。

精気と聞くと、どこか似非《えせ》科学的なものが想像されるかもしれない。もちろん、それは今日の科学では支持されえない概念だろうが、現代の生物学の知見と、デカルトの生きていた一七世紀の知識を比較することは、酷というものだろう。ここで重要なのは、彼が情念をあくまでも身体の構造に基づいて説明しようとした、ということだ。少なくともその態度は明らかに科学的なものである。

デカルトによれば、人間が抱く情念は、いくつかの基本的な情念へと分類することができる。そうした基本的な情念の一つとして挙げられるのが、「**愛**」である。彼は愛について、もう一つの基本的な情念である「憎しみ」と対置させながら、次のように述べている。

あるものがわれわれにとって善いものとして示されるとき、すなわち、われわれにつごうのよいものとして示されるとき、われわれはその物に対して「愛」をもつことになる。そして、そのものがわれわれに悪いもの、すなわち有害なものとして示されるとき、そのことはわれわれに「憎み」を起こさせる。

デカルト『情念論』

注意するべきことは、ここで論じられる愛の概念が、非常に広範なものである、ということだ。デカルトによれば、自分にとって好都合なものに対して「私」が抱く情念が愛なのである。恋愛もその一つだろうが、それだけが愛ではない。たとえば、好きな食べ物に対する情念も愛だし、使いやすい道具に対する情念も愛であるということになる。それに対して、自分にとって有害なものは、憎しみを喚起させる。この意味で、**愛と憎しみは対立する情念**として捉えられるのである。

欠如を満たす愛

愛は、人間にとって基本的な情念であり、そこからさまざまな情念が派生してくる。恋愛もまたそのなかの一つである。では、さまざまな愛と、恋愛の違いは、どこにあるのだろうか。

デカルトは愛を大きく分けて二つに分類する。第一に、理性によって与えられる愛であり、第二に、感覚によって与えられる愛である。

理性によって与えられる愛とは、私たちが思考によって善であると判断できるものへの愛である。たとえば、学問への愛がこのタイプに当てはまるだろう。それに対して、感覚によって与えられる愛とは、「私」がそれを見ることによって、美しいと判断できるものへの愛である。

デカルトは、この美しいものへの愛に、「愛好」という特別な名前を与えている。愛好もまた、それだけでは幅の広い概念だ。しかしそのなかで、もっとも重要な愛好のあり方として挙げられるのが、恋愛である。少し長いが、そのまま引用してみよう。

愛好から生ずる欲望のうち最も重要なものは、第二の自己となりうると考えられる人間のうちに思い描かれる数々の完全性から生ずるものである。というのは、自然は、理性をもたぬ動物のうちにと同様、人間のうちにも、性の区別を設けたが、それとともにまた脳のうちに、ある種の印象をつくっておいたのであって、この印象は人をして、ある年齢に達しある時期に達すると、みずからが何かを欠いていると思わせ、自分は一つの全体の半分にすぎず、異性の一人の人間が、他の半分を占めねばならぬかのように思わせる。そこでこの半分を手に入れることが、あらゆる善のうちに最大のものとして、自然によって漠然と示される。そして人々は、異性の人間を数多く見るけれども、だからといって、同時に多くの異性の人間を望むことはない。自然は人々が自分の半分を一つ以上必要とするとは思わせないからである。そこで、ある一人の人間において、同じときに他の人において認めるよりもいっそう自分に気に入る何かを認めると、人の所有しうる最大の善として自然が示すところの善を追求しようとする。自然の与えた傾向の全体を、精神はそのただ一人の人間に対して感ずるようになるのである。

デカルト『情念論』

重要な箇所なので、丁寧に読み解いてみよう。

まず、デカルトによれば、恋愛において「私」が他者を愛するとき、「私」はその他者を「**第二の自己**」のように感じる。つまり、そのとき相手は、まるでもう一人の自分であるかのように感じる。それが愛――厳密に言えば、恋愛における愛――の情念なのだ。

「私」はなぜそのように感じるのだろうか。

デカルトはその理由を次のように説明する。すなわち、人間にはもともと、自分の中に欠如があるかのような感覚がインプットされている。幼いころにはそうした**欠如の感覚**を自覚することができない。しかし、成長していくにつれて、ある日その感覚が発動し、「私」が「私」であるだけでは、何かが足りないように思えてくる。その**欠如を満たしてくれる誰かを、私たちは探し始める**のである。

そうした存在と出会い、関係を持てるようになったとき、「私」は自分が完全な存在になったかのように感じる。そしてその存在を「私」は愛するのである。愛がもたらす喜び、特有の充足感は、そうした理屈によって説明されている。

そして、恋愛が「私」に欠如した半分を満たしてくれるものへの愛であるからこそ、**「私」には同時に複数の人を愛することができない。なぜなら、欠けているのは半分だけであり、それ以上のものは必要ないから**である。

デカルトが恋愛を「最も重要」と評価しているのは、おそらく、それが他の愛に比べて極めて強力だから、と言うよりもむしろ、**最強の愛**だからである。彼によれば、「私」が自分の欠如を満たしてくれる存在と出会えたとき、「私」は「自然の与えた傾向の全体を、精神はそのただ一人の人間に対して感ずるようになるのである」。つまり、この世界のすべてを、その愛している人の存在とともに感じ取るようになるのだ。それは、見方を変えれば、この世界のすべてがこの人への愛のためにある、と感じてしまうことに等しいのかもしれない。

デカルトの愛の概念の特徴を、三つ、指摘しておこう。第一に、彼は愛を、自分自身の完全性を感じる情念として説明している。すなわち愛は、「私」が相手を愛することによって、自分自身が満たされたと感じることを意味する。第二に、その完全性は、「私」と相手が一つの全体を形成すること、いわばその全体性へと収斂《しゅうれん》することによって、成立する。すなわち、「私」が満たされたと感じるとき、「私」にとって自分と相手の間に明確な差異はなくなってしまう。「私」と相手は一つの存在へと溶け合ってしまうのである。第三に、「私」は相手を、自分の欠如を満たすものとして理解するのであり、いわば欠如によって形どられたものとして、相手を輪郭づける。そのとき「私」は、相手の存在を、自分の欠如に基づいて限定し、対象化するのである。

デカルト

愛と欲望

デカルトは、このように定義される愛の概念を、欲望から区別する。相手を愛することと、相手を欲望することとは、彼にとってはまったく別である。では、両者はどのように異なるのだろうか。彼は欲望を次のように定義する。

「欲望」の情念は、精気によって起こされた精神の動揺であって、精神が自分に適合していると想像する事がらを、未来に向かって意志するように促すものである。そこで「欲望」の対象は、いま存在しない善の現存のみならず、また現にある善の保存でもありうる。

デカルト『情念論』

デカルトによれば、欲望は未来へと向かう。それが意味しているのは、欲望が現在から目を背《そむ》けさせる、ということだ。「私」が相手を欲望するとき、「私」はいまこの瞬間にその相手を愛していることに満足できず、その相手と共に過ごすことができる未来を想像する。あるいは、いまその相手と共に過ごしているのなら、その人がずっと「私」のそばにいて、決して離れないことを望む。そのように欲望するとき、「私」は現在の相手ではなく、未来の相手のことを考えている。

ただし、このように未来へと向かう「私」は、あくまでも「動揺」している。なぜなら未来は不確かであり、自分の力ではコントロールできないからだ。たとえば、「私」が未来においても相手と共に過ごしたいと欲望するのは、もしかしたら、共に過ごせないかもしれない、という可能性を予感しているからである。その可能性があるからこそ、「私」は相手を欲望する。そこには克服することのできない不確実性が存在するのである。

では、たとえば、「私」が相手と共に牢屋のようなところに閉じ込められていて、外から鍵をかけられ、一生そこから出られないとしよう。それなら「私」の欲望は止むだろうか。残念ながら、止まない。なぜなら、相手が先に死ぬかもしれないからであり、それによって離れ離れになってしまう可能性は残されているからだ。その場合には、

「私」は、相手が一秒でも長く生きていてほしいと欲望することになるだろう。

このように考えるなら、未来への不確実性を制御することによって、相手への欲望を止ませることは、原理的に不可能である。おそらくその不可能性は、相手が「私」と同じ人間ではないということ、すなわち他者であるということに起因するだろう。**他者を求める限り、「私」は常に欲望による動揺に晒され続ける**のだ。

欲望が愛とは異なるからこそ、他者から欲望されても、必ずしも他者から愛されていると感じるとは限らない。たとえば、付き合って間もない恋人から、すぐに結婚の話を持ち出され、将来の二人の人生設計をあれこれと語られると、少し引いてしまう人もいるだろう。それは、相手がいまこの瞬間の「私」を愛しているのではなく、「私」との未来を欲望しているだけである、と感じるからだ。デカルトの哲学に従うなら、むしろ、いまこの瞬間の二人の時間を楽しむことの方が、愛を分かち合うことになるはずである。

恋人への「執心」

デカルトの考える恋愛とは、あくまでも「私」の欠如を満たす存在への愛、いわば「私」の「片割れ」への愛だった。そうである以上、「私」はその欠如を満たすべく、相手と共に生きることを求めるのが、自然であるように思える。そのように考えるなら、恋愛は常に欲望であらざるをえないだろう。この意味において、愛と欲望は排他的な関係にはない。両者は区別されるが、しかし、重なり合うのである。すなわち、**恋愛をするとき、「私」は相手を愛すると同時に欲望する**のである。

言い換えるなら、恋愛において「私」は、相手が「私」にとって善いもの、「私」を満たすものであると感じながら、同時に、これからもずっとそうであってほしい、あるいは未来においてはもっとそうであってほしい、と望むのだ。しかしその欲望は、制御することができない不確実性を前提にしている。だから**恋愛をしているとき、私たちは常に不安**である。相手によって満たされているはずなのに、どこか満たされない不安を抱かざるをえなくなるのである。

しかし、それは見方を変えれば、相手を「私」の一部として所有しようとする欲望、相手を管理しようとする、極端に暴力的な欲望へと発展しかねない。デカルトは、そうした極端な行動へと私たちを駆り立てる情念を「**執心**」と呼ぶ。

「執心」というのは、なんらかの善の所有をつづけたいという欲望に関係する「懸念」の一種である。執心は、その善を失うかもしれぬと判断せしめるもろもろの理由のせいで生ずるというよりは、むしろその善を非常に尊重することから生ずる。そして、その尊重の念の結果、人はまったくつまらぬ疑いの種《たね》をもいろいろ詮索《せんさく》し、それをたいした理由であるかのように思うのである。

デカルト『情念論』

相手に執心するのは、その人を大切に思っているからだろう。しかし、そのように大切に思うあまり、執心する人は、相手を詮索し、相手を疑ってかかる。それは本当に相手を愛していると言えるのだろうか。これに対して、デカルトは否と答える。

人は、自分の妻に執心する人間を軽蔑する。なぜならば、このことは、彼が正しいしかたで妻を愛しておらぬこと、また自身ならびに妻を軽んじていることの証拠だからである。彼が妻を正しいしかたで愛しておらぬ、というのは、もし彼が妻に対して真の愛をもっているのならば、妻に不信をいだくという気持など起こらぬはずであり、彼の愛しているのはもともと彼女自身ではなくて、彼女を独占することのうちにありとみずから想像するところの善であるからである。

デカルト『情念論』

なぜ、愛する人に執心する人が軽蔑されるのだろうか。それはその人が、相手を独占しようとするあまり、相手を信じることができなくなっているからである。そのとき、

その人が愛しているのは、相手自身ではなくて、相手を独占することによって得られる不安の解消である。しかし、不安から逃れるために相手に執心することは、相手への敬意を欠いた振る舞いだろう。その上、それは、相手を軽んじることだけではなく、自分自身をも軽んじることになる、とデカルトは言う。執心する人は、自分自身を、他者を愛せない人間へと貶めることになるからだ。

この意味において、愛と欲望は重なり合うが、しかし欲望への傾きが大きくなると、それはかえって愛を破滅させる。しかし、だからといってまったく欲望を伴わない恋愛も、およそ存在するとは思えない。この意味において、恋愛は両者の絶妙なバランスの上に成立する、と考えられる。そして、その均衡が壊れてしまう限界は、相手を信じられなくなるか否か、という点にある。つまり、相手を信じられる限りにおいて、相手を欲望することが、つまり相手との未来を確かなものにしたいと思うことが、許されるのであるのである。

愛と憎しみ

これまで、愛とは何かを説明し、その欲望との違いを検討してきた。次に、愛と憎しみの関係について考えてみよう。

前述の通り、デカルトは愛と憎しみを対立する情念として説明している。対立する情念である以上、両者が同時に成立することはない。「私」は、他者を愛しているときに、同時にその他者を憎むことができない。愛と欲望は重なり合うが、愛と憎しみは背反する。

しかし、世の中には「愛憎入り混じる」という言葉もある。私たちには、恋愛の渦中にありながら、その相手を憎しむことが起こりえるようにも思える。たとえば、相手に浮気をされれば、私たちは愛している人に憎しみを抱く。愛していればいるほど、その憎しみは強くなるようにも思える。そうであるとしたら、愛と憎しみの関係はどのように捉えられるのだろうか。

デカルトによれば、憎しみは激しい怒りを引き起こすこともあるが、同時に**深い悲し**

みを呼び起こすこともある。そうした悲しみが生じるのはなぜだろうか。それは、そのように憎しみを抱かせるに至った事態さえなければ、得られたはずだったものが、「私」から奪われたように感じるからだ。デカルトは次のように述べる。

たとえば、誰かの不品行から、われわれを遠ざける憎みは、同時に彼の談話をきくことからもわれわれを遠ざけるが、そういうことにならなかったなら、彼の談話のうちにわれわれはなんらかの善を見いだすこともできたと考えられ、われわれはその善を奪われたことを悲しむのである。

デカルト『情念論』

どういうことだろうか。再び浮気を例に考えてみよう。

恋人に浮気という「不品行」を犯されたとき、「私」は相手に憎しみを抱く。そうした憎しみは、「私」を相手から「遠ざけ」、相手の「談話をきくこと」からも遠ざける。言い換えるなら、相手と話もしたくない、と思わせる。そしてその憎しみは「私」に深い悲しみを抱かせる。何が悲しいのか。それは、相手が浮気さえしなければ、「私」はその相手と愛し合えていたはずだったのに、相手の浮気によって、その愛という「善」を奪われたように感じるからだ。

しかし、そうであるとしたら、その悲しみの深さは、奪われたものの大きさに比例することになる。つまり、浮気された相手を憎むのは、それだけ浮気をする前の相手を愛していたからである。この意味で、**憎しみは愛の大きさの証明**でもある。相手を大切に思っていたから、相手を信頼していたから、その裏切りは許しがたい出来事であるように思われるのだ。

このように考えるなら、愛と憎しみは、相互に対立するのだとしても、密接に関係しているということになる。最初から愛していない相手なら、浮気されても「勝手にすればいい」と思うだけで、大したショックを受けないかもしれない。なぜなら、そのとき「私」からは何も奪われないからである。

愛の錯乱

以上のように、愛の情念を詳細に分析するデカルトの議論は、恋愛のなかで私たちが直面するさまざまな心情を、見事に説明しうるものだと言える。ただし、彼は恋愛を必ずしもそれ自体でよいものと見なしていたわけではない。むしろ、彼によれば、恋愛はときとして人間を錯乱へと陥れ、有害なものに変貌してしまう可能性も秘めている。

恋愛は人間を錯乱させる。それはさしあたり、愛するべきではないものを愛してしまうこと、として理解できる。たとえば、モラル・ハラスメントをしてくる、クズのような人間を愛してしまう場合がそれに当たる。クズは明らかに愛するべきではないのだから、クズへの愛は錯乱していると言わざるをえない。

もっとも、愛しているのなら、錯乱してもよいではないか。本人がその愛で喜びを感じているのなら、何も問題はないのではないか。そうした反論もありえるかもしれない。しかし、デカルトはそのようには考えない。

彼は、友人に送った書簡のなかで、愛と憎しみという二つの情念のうち、どちらが人間をより人間を錯乱させるか、という思考実験をし、次のように述べている。

〔愛と憎しみという〕この二つの情念のいずれがわれわれをしてより大きな乱行にいたらしめるか、そしてほかの人々に、より大きな害をなしうるか、と問うならば、私は愛のほうだとこたえねばならぬと思います。その理由は、愛のほうがその本性上、憎みよりもいっそう大きな力と勢いとをもつからであり、かつとるにたらぬものへ愛情をもつ多くの場合、もっと価値をもつほかのものへの憎みよりも、くらべものにならぬほど大きな悪を生むからであります。

デカルト『情念論』

ここでデカルトは、まず、どちらがより錯乱させるか、ということの意味を、「より大きな乱行にいたらしめるか」、「より大きな害をなしうるか」という問題として、再定義する。そしてそのように考えるなら、その答えは愛である、と述べる。

理由は二つある。第一に、愛は本性上、憎しみよりも強力だからである。そして第二に、「とるにたらぬもの」への愛情と「もっと価値をもつほかのものへの憎み」とを比較するなら、前者の方が、より有害だからである。

「とるにたらぬもの」への愛情とは、愛するべきではないものへの愛であり、先ほどの例で言えば、クズへの愛である。しかし、なぜそうした愛は、錯乱した憎しみよりもさらに、有害だと言えるのか。デカルトはその理由を次のように説明する。

私が、そのことの理由とするのは、憎みから生ずる悪が、ただ憎まれている対象におよぶにすぎぬのに対して、度はずれになった愛は、それ自身の対象のほかのすべてのものを容赦なく襲うのであり、この愛がその狂った乱行の好餌《こうじ》として滅ぼし破壊しようと構えている他のすべてのものに比すると、その愛の対象は、通常きわめて小さなものにすぎないということであります。

デカルト『情念論』

再び、愛と憎しみの関係を思い出しておこう。憎しみは愛が奪われることによって引き起こされる。そうであるとしたら、クズを愛しているとき、「私」からその愛を奪おうとするすべてのものを、「私」は憎む。

たとえば、「私」に対して、「そんなクズと付き合うのはやめたほうがいい」と、友達全員が指摘してくれたとしよう。友達は完全な善意でそう指摘してくれている。しかし「私」は、そのクズへの愛に錯乱してしまっているために、その善意を取り違え、「私」から愛を奪おうとする悪意であると感じてしまう。その結果、友達に対して憎しみを抱き、その友達を失ってしまうのである。

もっとも、友達を失うこと自体が問題なのではない。問題なのは、そうやって失った友達と、いま「私」が付き合っているクズを比較したとき、どちらが「私」にとって有益なのか、ということだ。どう考えても、それは友達の方である。そうであるにもかかわらず、「私」は、自分にとって有害なクズを選んでしまう。それが錯乱した恋愛なのである。

そのように考えるなら、錯乱した恋愛の危険性は、単にそれがクズという不適切なものを愛させる、という点にだけあるのではない。それはむしろ、「私」を他者との繋が

デカルト

りから切断し、孤立させてしまうのである。**クズを愛してしまう人は、自分をクズから救ってくれるはずの他者から、自ら遠ざかっていく。**そのことによって、かえって錯乱は強化される。ここに錯乱した恋愛の恐ろしさがあるのだ。

まとめ

最後に、デカルトの恋愛論を簡単に振り返っておこう。

プラトンが、愛の非合理性を強調していたのに対して、デカルトは愛を完全に合理的な概念として説明しようとした。それは、**愛を科学的に説明する**ということ、言い換えるなら、愛を一つの自然現象として理解しようとすることだ。これは、近代哲学の父と呼ばれるデカルトにとって、至極当然の発想であったに違いない。

彼は、愛を情念の一つとして説明する。情念とは人間の精神の受動的なあり方であり、肉体がもつ生理的な構造によって引き起こされる。愛はその中の基本的な情念の一つである。愛にもさまざまな形があるが、そのなかでも恋愛において特徴的なのは、次のような点である。すなわちそれは、「私」のなかの欠如を埋めてくれる他者への愛、そうした**「第二の自己」への愛**である、ということだ。

愛に対するこうした考え方は、そのアプローチがまったく異なるとはいえ、プラトンの恋愛論とある意味では非常によく似ている。プラトンは、前世で自分が見ていたものと、地上の世界で再び出会うという出来事として、恋愛を説明した。デカルトにおいて、「私」が他者を愛する機運となる、自分自身への欠如感は、その他者と出会う前から「私」を蝕《むしば》むものとして説明される。つまり、**他者を愛する理由は、その他者に出会う前から、「私」のなかに存在する**のだ。この意味において、両者はともに愛を非経験的なものとして、運命的なものとして理解している。

一方で、恋人を「第二の自己」として理解することは、かなり問題のある発想であるということも、指摘しておくべきだろう。なぜなら、そのとき「私」は、恋人を自分の欠如を満たすものとして、いわば自分の一部として扱うことになるからである。それは、恋人が抱えている苦しみを、自分のことのように共感する、ポジティブな作用をもたらすこともあるかもしれない。しかし、恋人をあたかも所有物のように扱ったり、自分の支配下に置こうとしたりする態度へと行きつくことも、容易に考えられる。

また、恋人が自分の欠如を満たすと考えるとき、「私」は恋人を自分の欠如に基づいて理解し、自分の欠如と適合するよう、かたどって理解する。それは、恋人を誤解したり、自分の理想とする恋人像を相手に押し付けたりすることになるかもしれない。

もっとも、デカルトは恋愛において恋人を「第二の自己」と見るべきだ、と主張しているのではない。前述の通り、彼の態度はあくまでも科学的である。彼がその恋愛論で明らかにしようとしているのは、恋愛をしている人間たちが、事実として、恋人にどのような想いを寄せているのか、ということに過ぎない。だからこそ彼は、恋愛が執心や錯乱へと至る可能性を、冷静に指摘してもいるのである。

プラトンは恋愛に大きな可能性を見いだしていた。それは、私たちを世間の常識から解放し、自由な生活をもたらすものだと信じていた。しかし、デカルトはそうではない。彼にとって恋愛は、時として暴走へと至るもの、時として私たちを毒するものである。しかし、それでも人間は恋愛をする。だからこそ私たちは、恋愛を冷静に、科学的に理解しなければいけない——彼はそう考えていたのではないだろうか。

第3章 なぜ恋人に愛されたいのか？

ヘーゲル

古代ギリシャにおいて、恋愛は、能動的に相手を愛する側と、受動的に相手から愛される側に区別されていた。しかし、今日において、そんな風に考える人はいないだろう。むしろ恋愛とは、自分が相手を愛するのと同様に、自分も相手から愛される関係として理解されているはずだ。この意味において、**恋愛は相互的な関係である**、と言える。

このことは、恋愛において私たちが、相手から愛されることを期待する、ということでもある。自分が一方的に相手を愛していても、相手が自分に目もくれず、自分を愛してくれなかったら、私たちは不満を抱くに違いない。そのとき恋愛関係は成立しないだろう。この意味において、相手から愛されたいと望むことは、恋愛においては当然のことである。

愛されたいと思うことは、恋愛においてどのような役割を果たしているのだろうか。それは、相手を愛するという感情と、どのような関係にあるのだろうか。私たちは、相手を愛しているから、その相手から愛されたいと思うのだろうか。それとも、相手から愛されているから、その相手を愛するのだろうか。

本章では、こうした、相互に愛し合うということの意味を、近代ドイツの哲学者、G・W・F・ヘーゲルとともに考えていきたい。

ヘーゲルの承認論

本書がこれまで取り上げてきたプラトンとデカルトは、ともに、恋愛をあくまでも相手を愛するという能動的な行為として捉えていた。愛にとって本質的なのは、相手を愛するということであって、相手に愛されるか否かは、それほど重要な問題ではなかった。

そこには次のような考えが暗黙のうちに前提とされている。すなわち私たちは、自分が自分であるために、他者から愛されることを必要としていない、という人間観だ。あたかも、バラバラに切り離された点のように、人間はそれぞれ自分だけで存在している。そのように離散した人間同士が、あるとき出会い、恋愛関係を交わす。しかし、そうした恋愛関係は、自己が自己であるために、不可欠の条件というわけではない。他者がいなくても――たとえ不完全であったとしても――「私」は「私」である。

ヘーゲルは、このような人間関係を強烈に批判した。彼によれば、人間は、離散した点として存在するのではない。他者との関係なしに自分を自分として実感することもできない。むしろ、自分が他者から愛され、重要な存在として承認されることで、初めて自分自身を理解することができる。このように、彼は人間を、孤独な存在としてではなく、あくまでも人間関係のなかで存在するものとして説明しようとするのだ。

このように考えるヘーゲルにとって、他者から愛されるということは、特別な意味を持つ出来事である。それは、あってもなくてもよいものではない。**愛されることで、初めて、人間は自分がどのような存在であり、どんな価値を持っているのかを、理解できる**からだ。このように自分自身を知ることを、本章では「**自分を確信する**」と表現することにしよう。自分を確信するためには、他者から愛されることが必要である。だから、愛されるということが何を意味するのか、それを実現するにはどうすればよいのか、ということは、ヘーゲルにとって非常に重要な問題になる。

愛されることとは何か。その詳しい内実については、これから深く掘り下げていくとして、ここではさしあたり、それを次のように定義しておきたい。愛されるということは、他者にとって自分が特別な価値を持つ存在であると、他者に認めてもらえることである。この意味において愛は「**承認**」である。他者から愛されることは、他者から承認されることに等しい。したがってヘーゲルの恋愛論は、**人間関係における承認の問題**として、考察されることになる。そして、そうした承認をめぐる議論は、彼の主著『精神現象学』において探究されている。

以下では、実際に『精神現象学』を中心にしながら、ヘーゲルの論述を追いかけていくが、その前に、留意点を一つ述べておきたい。それは、彼にとって承認が、必ずしも恋愛関係における愛だけを意味するわけではない、ということだ。愛は承認の一つの形ではあるが、そのすべてではない。むしろ、相手に対して主体性を認めること一般が承認であり、たとえば労働者に権利を認めることも、承認の一つである。一般的な哲学史の理解に従うなら、彼の承認論はその後、マルクスらによって継承・発展させられ、共産主義の理論的な基盤として受容されていった。ヘーゲル自身も、『精神現象学』で恋愛の問題を主題的に論じているわけではない。この意味において、彼の承認論を恋愛論として読み解くことは、一つの解釈である、と言える。

しかし、その解釈は決して無理筋というわけではない。ジェシカ・ベンジャミンや、アクセル・ホネット、そして本書でもこれから取り上げる、ジャン＝ポール・サルトルなど、ヘーゲルの承認論から恋愛の問題を論じた哲学者は数多く存在するからだ。そのため読者には、本書の読解が大胆な解釈を含むものでありながら、哲学における恋愛論の重要な源流に光を当てようとするものであることを、ご理解いただきたい。

自己意識とは何か

ヘーゲルの哲学に従うなら、愛は、最初は対立している二人の人間が、互いを認め合い、一つの存在へと統一されていく過程として理解できる。つまり、愛は何もせずに最初から完成しているものではない。それはあくまでも過程であり、プロセスであり、変化なのだ。以下ではそのプロセスを順番に辿っていこう。

人間は他者からの承認を求める存在である。そうした人間のあり方は「**自己意識**」と呼ばれる。自己意識とは、自分のことに関心を持ち、自分が何者であるかを知ろうとする意識のことだ。ヘーゲルはそれを次のように説明している。

> 自己意識はさしあたり単純な自立的存在《フュールジッヒザイン》であり、いっさいの他のものをじぶんから排除することで自己自身とひとしい。その実在《ヴェーゼン》であり絶対的な対象であるものは、自己意識にとっては〈私〉である。だから自己意識はこのような直接的なありかたにあって、いいかえればみずからがじぶんだけで存在《フュールジッヒザイン》するこうしたありかたにおいて個別的なものなのである。自己意識に対して他のものとはなにかについていえば、それは非本質《ヴェーゼン》的な対象として存在するもの、否定的なものという性格によってしるしづけられた対象としてあるものである。
>
> **ヘーゲル『精神現象学』**

自己意識は、さしあたり、自分を他者から区別することによって、自立的に存在する。

それは、言い換えるなら、**他者が「私」ではない、と考えることで、「私」が「私」である と実感するということ**だ。このことは、単なる論理的な概念の話ではない。自分を自立的だと考えることは、自分が本質的な存在であると考えることに等しい。それは、たとえて言うなら、自分がこの世界の主人公であると見なすことである。その一方で、他者は非本質的な存在であり、「私」にとっては単なる脇役であるに過ぎない。**他者を脇役扱いすることが、翻って、自分が主人公であることを、「私」に実感させる**のである。

自分を主人公だと思うことは、ある意味では、当たり前である。たとえば私たちは、自分が住んでいる街を、どこかこの世界の中心であるかのように思う。世界は、その街から外側へと広がっていく空間であるかのように感じる。それは、言い換えるなら、世界が自分の立っている場所を中心にして意味づけられている、つまり**「私」こそがこの世界の主人公である**、という感覚に他ならない。

旅行で遠隔地に行けば、この世界の周縁部に来たかのように感じることさえある。しかし、当然のことながら、その遠隔地に住んでいる人にとっては、その場所が世界の中心であり、「私」が普段住んでいる場所、「私」にとってこの世界の中心である街こそが、世界の周縁である。そのようにして、誰もが、自分が世界の中心だと思っている。世界は自分を中心に回っていると思っている。

しかし、このことにも示唆されている通り、この世界で自分を主人公だと思っているのは、「私」だけではない。他者もまた、それが自己意識である限り、自分を主人公だと見なし、自分以外の人間を脇役だと見なしている。つまり、**他者にとっては、「私」もまた脇役**なのである。

承認をめぐる戦い

「私」は自分を世界の主人公だと思っている。一方で、他者は「私」を脇役だと思っている。「私」はこの事態には我慢できず、他者から自分が主人公であることを認めてもらいたいと思う。そして、それが意味しているのは、他者に対して他者自身が脇役であることを認めさせることに他ならない。

それだけではない。他者は他者で、「私」と同じように、我慢ができない思いをしている。他者もまた、「私」から脇役扱いされ、他者自身が主人公であることを、「私」に認めさせたいと思っている。

したがって、「私」と他者はともに、相手に対して、自分自身が主人公であり、相手自身が脇役であることを認めさせようとする。このとき、互いの要求が衝突する。両者はこのままでは決して両立しない。

このとき、「私」と他者は、互いの要求をぶつけ合い、戦いを始めることになる。ヘーゲルは次のように述べる。

> 両者はこのようなたたかいに入ることを余儀なくされる。双方ともにじぶんだけで存在するという自己自身の〔主観的に〕確信しているありかた《ゲヴィスハイト》を、他者についてもみずから自身にかんしても、〔客観的に〕真なるありかた《ヴァールハイト》へと高める必要があるからだ。
>
> ヘーゲル『精神現象学』

他者との戦いを始めるとき、自己意識は新たな段階へと移行する。当初、自己意識は自分だけで存在することを――つまり、自分が世界の主人公であることを、確信できていた。しかしそれは、自分が一人でそう思っているだけであって、「〔主観的に〕確信している」に過ぎなかった。自己意識は、最初は、それで満足していた。しかし他者を意識することで、それでは満足できなくなる。他者に自分を認めさせることで、自分が主人公であることを「〔客観的に〕真なるありかた」へと発展させようとするのだ。ヘーゲルは、このようにして自己意識が開始する他者との戦いを、「**承認をめぐる戦い**」と呼ぶ。

恋愛を例にして具体的に考えてみよう。

「私」が恋人と付き合っているとする。相手は、典型的な仕事人間であり、交際を始めても、変わらずに仕事を一番に優先している。「私」への連絡はいつも適当である。それでも、「私」はその恋人と付き合えていることが嬉しくて、舞い上がり、楽しい日々を謳歌している。

しかし、時が経つに連れて、二人の関係はだんだんと変化していく。恋人は、「私」に支えられながら仕事に打ち込めることに、喜びを感じている。「私」がそばにいることで、仕事の面白さは倍増したように感じる。やりがいのある仕事と、それを見守り、応援してくれる恋人。これが自分の人生なんだと確信できるようになる。

その一方で「私」は、恋人にとって自分が二の次の存在であることに、不満を溜めていく。仕事の話をしているとき、恋人の瞳は輝いている。「私」がその話を、にこやかに頷きながら聞いているとき、恋人はとても機嫌がよい。しかし、「私」との未来の話になると、恋人はどこか虚ろになる。興味がなさそうになる。二人で時間を過ごしているときも、絶対にスマホを手放さない。暇さえあればメールチェックをしている。「私」はまるで、自分が相手の人生に彩りを加えるだけの、副次的な存在であるかのように感じてくる。

我慢ができなくなった「私」は、ある日、恋人に訴える。「仕事が大切なのはよく分かる。それがあなたの人生のすべてであることも分かる。でも、私と向かい合ってほしい。もっと私のために時間を使ってほしい。私を一番にしてほしい」。

しかし、それに対して恋人は反発し、「私」に言う。「そんなことを言われるのは正直心外だ。僕にとってどれだけ仕事が大切なのかを、君は知ってくれていると思っていた。君に支えてもらえるからこそ、これまで頑張れてこられたんだ。それが分かってもらえないなんて、辛い」。

このとき、仕事に人生を捧げている恋人も、自分を一番にしてほしい「私」も、互いに自分が主人公であることを、相手に認めさせたいと思っている。二人が互いに突きつけている要求は両立しない。このようにして、二人は承認をめぐる戦いを始めることになるのである。

生命を賭けられるか

承認をめぐる戦いはどのように決着するのだろうか。

それは、どちらか一方が、他方の存在こそが自立的——すなわち主人公——であり、自分の存在は非自立的——すなわち脇役——であるということを、自ら認めるときだ。自分が非自立的であると認めることは、相手に敗北することである。では、そのように敗北を認めることは、どのようにして起こりえるのだろうか。

ヘーゲルによれば、承認をめぐる戦いは自らの生命を賭けることを意味する。ただしここでいう生命とは、生物学的な意味での生存ではなく、他者から区別された個体としての存在、いわば独立した**アイデンティティ**の存続に他ならない。承認をめぐる戦いは、互いのアイデンティティを賭けるのだ。それは言い換えるなら、もしもこの戦いに敗れれば、アイデンティティを傷つけられ、それを失ってしまうかもしれない、ということを意味する。

先ほどの例に戻ってみよう。恋愛関係にある二人が承認をめぐる戦いを始める。「私」は恋人に対して、自分を一番にするよう要求し、相手は「私」に、仕事を支える存在であることを要求する。二人は口論を始める。その口論は、互いの生命を、すなわちアイデンティティを賭けたものになる。もしも「私」が戦いに敗れた場合、「私」は自分が恋人にとって一番の存在であることができなくなる。他方、もしも恋人が敗れた場合、恋人は仕事を中心とした自らの人生を諦めなければならない。

ただし、この戦いの勝敗は、何か戦闘力のようなものの差によって決するのではない。ヘーゲルによれば、**勝敗を分かつのは、自分の生命を賭ける勇気を持てるか否か**、ということだ。彼は次のように言う。

> 生命を危険にさらさなかった個体も、たしかに人格として承認されることがありうる。それでもそうした個体は、そのように承認されていることの真《ヴァールハイト》のありかたを、すなわち一箇の自立的な自己意識であるという真理《ヴァールハイト》を達成するところがなかった

のだ。

すなわち、承認をめぐる戦いが始まっているにもかかわらず、自分のアイデンティティを失うことを恐れ、戦うことから逃げようとした者が、戦いに敗北するのである。

たとえば、「私」が恋人に対して、「私のことを理解してくれないなら、もう別れる」と告げたとする。このとき「私」は自分のアイデンティティを賭けている。もしもこの口論に敗れ、本当に別れることになってしまったら、「私」は恋人にとって一番の存在であるという自分のアイデンティティを、自ら失ってしまうことになるからだ。

しかし、それは恋人に対しても、アイデンティティを賭けることを要求することである。「私」と別れてしまったら、恋人もアイデンティティを失うからだ。そして、恋人はその事態を恐れ、戦うことを回避したとする。恋人は次のように言う。「ごめん、君がそこまで思い詰めているなんて気がつかなかった。君と別れたくはないよ。もう一度考え直させてほしい」。

このとき恋人は、自分のアイデンティティを賭けようとしなかったために、「私」との戦いに敗北する。つまり「私」の言いなりになってしまう。このようにして承認をめぐる戦いは決着する。「私」は恋人からの承認を勝ち取ることができ、恋人は自分が主人公であることを諦め、自らが脇役であることを受け入れるのである。

主人と奴隷の弁証法

ヘーゲルによれば、承認をめぐる戦いの勝者は「**主人**」と呼ばれ、敗者は「**奴隷**」と呼ばれる。両者は、もはや対等な関係にはない。彼は次のように述べる。

> 一方の形態は自立的な意識であり、その意識にとってはじぶん《フュール》だけの存在《ジッヒザイン》が本質である。他方の形態は非自立的な意識であって、その意識にとっては生命が、あるいはひとつの他のものに《ザイン・フュール・アイン・》対する存在《アンデレス》が本質となる。前者の意識が主人、後者の意識が奴隷なのである。
>
> ヘーゲル『精神現象学』

主人と奴隷は次のように関係している。すなわち主人は、奴隷から、自立的な存在であることを承認されている。奴隷は主人に対して、主人こそが自分の主人公であり、自分はその脇役に過ぎないことを、自ら認める。したがって主人は自立的だが、奴隷は非自立的である。主人は、自分が何者であるのかを、自分だけで説明できる。しかし奴隷は、自分が何者であるかを、自分だけでは説明できない。奴隷は、「**誰かの奴隷**」としてしか存在できないからだ。この意味において奴隷は主人に依存した存在である。

ヘーゲルによれば、奴隷による主人の承認は、奴隷が主人へと「奉仕」することによって果たされる。承認をめぐる戦いに突入する前、自己意識は、自分自身で、自分が主人公であることを確信していた。しかし、戦いに勝利した主人は、奴隷に対して、自分が主人公であることを認めさせる。つまり主人は、戦いに突入する前は自分自身でしていたことを、奴隷に代行させるのである。反対に、奴隷は、本来なら主人が自分でするべきことを、主人の代わりに行ってやる。だから、奴隷がすることは、自分自身のためではなく、主人のために行われる。それが**奴隷による主人への承認としての奉仕**なのだ。

再び、恋愛関係にある二人の例で説明してみよう。恋人は、「私」との承認をめぐる戦いに敗北した。「私」は主人となり、恋人は「私」の奴隷になった。そして、奴隷となった恋人は「私」に奉仕する。そうした奉仕はどのようにして起こるのか。

たとえば恋人は「私」にこう言うかもしれない。「君が言うことはよく分かったよ。僕が間違っていた。仕事なんかより、君の方がずっと大切だよ。もちろん、仕事を蔑ろにすることはできない。でも一番大事なのは君だ。だから、これからは、君を守るために仕事をする。仕事を頑張るのだとしても、それはすべて、君との時間を守り抜くためにやる」。

このとき恋人は、戦いが始まるまでは自分の人生のすべてであったはずの、仕事のプライオリティを下げている。そして、それを「私」を守るための手段として位置づけている。恋人は、「私」を守るために仕事をするのであり、そのような仕方で、「私」に奉仕するのだ。

このように奉仕されることで、「私」は恋人から、**自分こそが二人にとって主人公である**ことを実感できる。「私」は、その瞬間には、幸福になることができる。

しかしこの幸福は長くは続かない。ヘーゲルは、こうした主人と奴隷の関係は、奇妙な形で反転していくと指摘するのである。

恋人は、「君を守る」と、「私」に約束してくれる。そのことを「私」は嬉しく思う。しかし、時間が経つにつれて、心のなかにわだかまりが生まれる。

「守る」ってどういうことだろう。「私」は恋人に守られないといけない存在なのだろうか。「私」は、庇護されるべき対象として扱われているのだろうか。そこには上下関係があるのではないだろうか。「私」は恋人に見下されているのではないだろうか。

もちろん、恋人は「私」を見下していない。「私」が主人であり、恋人は奴隷であるからだ。恋人は、紛れもなく「私」のために生きて、自分の人生を犠牲にしてくれている。

しかし、同時に、恋人は二人の関係をたった一人で担おうともしている。自分こそが、二人の関係を成立させる存在であり、それを一手に引き受けるべきだと思っている。恋人は、「私」が何もせずとも、「私」が主人公であり続けられるような関係を、作り出そうとする。そのとき、二人の関係に対して「私」が働きかける必要はなく、何かの力を発揮する必要もない。「私」は、何もしなくてよい存在として、無力な存在として、その意味において相手に守られる対象になってしまう。

「君を守る」という言葉は、相手に尽くしているように見えて、実は相手を無力なものに貶める。それは、相手への愛の表明であると同時に、その愛を支えているのは自分であって、相手ではないという意思表示でもある。そこには欺瞞が潜んでいる。

ヘーゲルによれば、このような形で、主人と奴隷の力関係は必ず反転する。主人は、奴隷に奉仕させているがゆえに、自分ではもはや何もしない。二人の関係を成り立たせているのは、奉仕している奴隷である。承認をめぐる戦いが終結した直後には、主人こそが本質的な存在であるように思えた。しかし、いまやそれは誤解であったことが明らかになる。むしろ**二人の関係を支えているのは奴隷であり、奴隷こそが本質的な存在**なのである。

このように、主人と奴隷の関係は、めまぐるしく変化する。では、その変化の先には何が待っているのだろうか。いつか両者は望ましい均衡へと至ることができるのだろうか。

ヘーゲルの答えは、否である。主人と奴隷は、主人と奴隷である限り、どちらかが本質的であり、どちらかが非本質的である不均衡な関係から、逃れることができない。その関係は、決して対等にならず、歪なものであり続けるのだ。

相互承認としての愛

こうした不均衡な関係を乗り越えるには、どうしたらよいのだろうか。ヘーゲルは一つの可能性を提示する。それは、承認をめぐる戦いに至るのとは別の道を辿ることで、真に対等で自由な関係を形成する、ということだ。

前述の通り、他者と承認をめぐる戦いに入るのは、自己意識が、自分こそを自立的な存在（主人公）と見なし、他者を非自立的な存在（脇役）と見なそうとするからだ。その欲望は、戦いが始まった後も、それが終結した後も、基本的には変わらない。したがって、自分こそが人生の主人公でありたいと思っている限り、人間は他者と歪な関係しか結べない。

それに対して、もしも自己意識が、こうした欲望そのものを放棄することができるとしたら、どうだろうか。すなわち、自分を主人公と見なすのではなく、自分は脇役であって、相手こそが主人公であることを、自ら求めることができるなら、どうだろうか。

もちろん、そんなことをすれば、「私」は自分を人生の主人公だと思えなくなる。しかし、前述の通り、自己意識は他者と相互的な関係にある。「私」が他者にすることを、まったく同じように、他者もまた「私」にする。したがって、もしも「私」が他者を自立的な存在として承認することができるなら、他者もまた、「私」を自立的な存在として承認してくれるはずである。そのようにして、結果的に、「私」は他者から主人公であることを承認してもらえることになる。この場合には、「私」だけが主人公なのではない。**「私」と他者は、互いが主人公であることを、互いに承認することになる**のだ。

ただし、主人公は脇役を必要とする。主人公しか出てこない物語など成立しない。どちらかが主人公なら、どちらかは脇役なのだ。なぜ、そうであるにもかかわらず、相互承認が可能になるのだろうか。ヘーゲルは次のように考える。すなわち、その境地に至るとき、二人は一つの存在に、つまり「**私たち**」になるからだ。

精神とは絶対的な実体であって、その実体においては、みずからがふくんでいる対立、すなわちあいことなった、それぞれに《フュールジッヒ》存在する自己意識という対立が存在し、おのおのがかんぜんな自由と自立性をもちながらも、その対立が統一されている。絶対的な実体である精神とはすなわち、「私たちである〈私〉であり、〈私〉である私たち」なのである。

ヘーゲル『精神現象学』

相互承認に至るとき、二人はそれぞれが独立した二つの自己意識なのではなく、一つに統一された自己意識として、つまり「私たち」として存在する。つまり相互承認は、「私たち」こそがこの世界の主人公である、と確信する状態なのだ。ヘーゲルは、このように統一された自己意識のあり方を、「**精神**」と呼ぶ。

精神とは、「私たちである〈私〉であり、〈私〉である私たち」である。前者――「**私たちである〈私〉**」――とは、たとえ「私」が一人で存在しているのだとしても、そこに他者とのつながりを感じ、自分が他者とともにいるという感覚を抱くことである。一方、後者――「**〈私〉である私たち**」――とは、「私」と他者が二人でいるとき、二人でいるにもかかわらず、一つの統一された存在として、自分たちを「私」として感じるということを意味する。つまり、二人でいるけれど、一つであるように感じることである。

一人でいるのに、他者とのつながりを感じるとは、どのような状態だろうか。たとえば「私」が、就職活動の面接に臨んでいる場面を考えてみよう。「私」はその困難にたった一人で挑まなければならない。恋人はその会場にはいない。しかし「私」は、相互承認の境地に至っているとき、その困難に立ち向かう自分が、ひとりぼっちであるとは思わない。「私」は、そこにいないはずの恋人の存在を、傍に感じることができる。「大丈夫だよ」と心の中で語りかけてくれる声を、感じることができる。それが「私たちである〈私〉」である。

一方で「私」は、恋人と二人で外に出かけているとき、自分たちを一つの存在のように感じることもある。たとえば、雑踏の中で手を繋いで歩くとき、「私」と恋人は、自分の身体が他人と接触しないように気遣うのと同じように、相手の身体にも気を遣う。もしも、他人が恋人にぶつかってきたら、自分のことのように憤怒する。このとき「私」は、自分一人だけではなく、恋人もまた「私」自身なのだということを、そして相手にとってもそうだろうということを、感じている。それが「〈私〉である私たち」である。

このように、「私」と他者が一つの存在になることを、ヘーゲルは『法の哲学』において「**愛**」と呼ぶ。

愛とは総じて私と他者とが一体であるという意識のことである。だから愛においては、私は私だけで孤立しているのではなく、私は私の自己意識を、私だけの孤立存在を放棄するはたらきとしてのみ獲得するのであり、しかも私の他者との一体性、他者の私との一体性を知るという意味で私を知ることによって、獲得するのである。

ヘーゲル『法の哲学』

他者を愛するとき、「私」は自分が他者と一体であると感じる。しかし、注意しなければならないのは、それは決して、他者を「私」の一部にすること、つまり他者を「私」に取り込んでしまうということを意味するわけではない、ということだ。もしも「私」と他者の一体性が、「私」への他者の包摂《ほうせつ》を指すなら、そのとき「私」は、依然として他者から分離した存在であるにとどまる。なぜなら、他者を包摂してもしなくても、「私」が「私」であり続けることが可能になってしまうからだ。

それに対して、もしも「私」が他者を愛しているなら、「私」とは他者と一体になった存在を指しているのであって、**その他者がいなかったら、もはや「私」も存在しない。そう感じる状態に至ることが、恋愛をしているということ**なのである。

ヘーゲルによれば、こうした愛は、二人が**結婚**することによって完成する。

婚姻の主観的出発点としてしばしば現れうるのは、この関係に入る両人格の特殊な愛着、あるいは両親などによるあらかじめの配慮と計《はか》らいであるが、しかし客観的出発点は、両人格の自由な同意、詳しくいえば、自分たちの自然的で個別的な人格性を前述の一体性において放棄して一人格を成そうとすることの同意である。

この一体性は、自然的で個別的な人格性という点からすれば一つの自己制限であるが、しかし彼らはこの一体性において彼らの実体的自己意識を獲得するのであるから、まさにこのゆえにこの一体性は彼らの解放である。

ヘーゲル『法の哲学』

愛し合う二人はなぜ結婚するのか。その理由は、「主観的出発点」としては、互いに対して惚れあっているだけかもしれない。しかし、その「客観的出発点」は、相互承認による一体化である。それは、「自分たちの自然的で個別的な人格性」を「放棄」することを意味する。「私」は、自分一人で存在するのではなく、「私」と愛する人の二人で「一人格」であることに同意する。それが、結婚するということの意味なのだ。

結婚は、人間に対して自分一人で存在することを放棄させるのであり、その意味では

「一つの自己制限」である。「私」は、結婚してしまったら、もう自分一人で勝手気ままに生活することはできない。悠々自適な独身生活は諦めなければならない。しかし、ヘーゲルは、それこそが「**解放**」だと言う。いったい、何からの解放なのだろうか。

それは、自分自身を確信するために、他者から承認されようとする欲望からの解放だ。自分を主人公だと思い込むために、他者を脇役扱いすることからの、解放だ。「私」は、結婚することによって、自分のプライドを守るために人を貶めたり、他者と比較して自分の人生を不安に思ったりすることがなくなる。なぜなら「私」は、もはや、自分が精神であることを確信しているからであり、赤の他人に承認されなくても、自分を承認してくれる人とともに生きているからである。

まとめ

ヘーゲルの恋愛論の最大の特徴は、愛を、対立するものの統一として捉えることだ。この意味において、彼が念頭に置く恋愛関係は、「私」と相手を一つの全体として捉えるものである。この点で、彼の恋愛論は、デカルトの発想によく似ている。第2章で述べた通り、デカルトは、愛を自らの欠如を満たすものへの感情として説明していた。そこでは、恋人の存在によって自らの全体性を回復させる営みとして、恋愛が捉えられていた。

ただし、デカルトとヘーゲルの間には、重要な違いもある。デカルトにおいて、恋愛はあくまでも「私」が主体であり、「私」の欠如を満たす営みである。そこでは、依然として「私」は恋人から区別された存在であり、両者の間には隔たりがある。しかし、ヘーゲルにとって、こうした対立そのものを解消するものが、愛なのだ。恋人は、「私」の欠如を満たすものなどではなく、むしろ「私」そのものになるのである。

こうした恋愛観の背景にあるのは、あくまでも人間関係を相互的なものとして捉える、彼の人間観である。「私」が他者にすることを、他者もまた「私」にする。だからこそ、他者に対して承認を求めれば戦いが起こり、そこからは歪な関係しか成立しなくなる。それに対して、他者を承認すれば相互承認が実現し、愛が成立する。「私」は、他者を愛するからこそ、他者からも愛されるのだ。この意味において、ヘーゲルにとって他者から愛されるということは、恋愛において欠かすことのできない要素である。それは、「私」が他者を愛することと等価なのだ。

このように、相互承認の帰結として一体化することを愛として捉えるヘーゲルは、その完成を結婚のうちに見出していた。こうした恋愛観は、一般に、**ロマンティック・ラブ**と呼ばれるものであり、「はじめに」でも述べたように、今日においても非常に強く根付いている。この意味において**ヘーゲルは、現代の恋愛観を完成させ、そこに強固な理論的基礎を作り出した哲学者である**、と評することができるだろう。

最後に、もう一つ、ヘーゲルの恋愛観の特徴を指摘しておこう。それは、彼がこうした恋愛のダイナミズムを、あくまでも法則に従うものとして理解していた、ということだ。対立するものが統一していく運動を、彼は「**弁証法**」と呼ぶ。恋愛もまたこの弁証法に従って成立する。たとえば、承認をめぐる戦いが始まれば、必ず主人と奴隷の分断が起こり、そして主人と奴隷の関係はやがて反転する。あるいは、「私」が相手を承認すれば、それがトリガーとなって相互承認が実現し、愛が成就する。こうした運動に偶然はない。これらはすべて法則にしたがった必然的なものなのである。

愛することは、相手に奉仕することではないし、相手の人生のために犠牲になることでもない。それは、相手からも同じように愛されながら、困難な世界に二人で立ち向かい、ともに一つの運命を生き抜くという確信を与えるものなのだ。ヘーゲルにとって恋愛とは、そのように私たちを勇気づけるものであったに違いない。

第4章 永遠の愛とは何か？

キルケゴール

「永遠の愛」という言葉がある。たとえば結婚式では、しばしば「永遠に相手を愛することを誓いますか」と問われる。永遠とは、それが限りなく続くということ、そうした時間のあり方を表している。

永遠の愛――それはいったい、何を意味しているのだろうか。その時間的な構造をはっきりさせるために、眠気という概念と比較してみよう。

「眠い」と言うとき、それが意味しているのは、「今この瞬間は眠い」ということである。つまりこれは現在の自分についての説明である。問題になっているのは未来ではない。「眠い」と言ったからといって、これからもずっと「眠い」とは限らない。一〇分後には眠気は醒めているかもしれない。しかしたとえそうなっても、今、「眠い」と言うことが嘘だったということにはならない。私たちは、「眠い」と言った人が、そのすぐ後に眠気を醒ましたとしても、何もおかしいことだとは思わない。

しかし、「愛している」という言葉は、そうならない。「愛している」と言うなら、それは「これからもずっと愛している」ということを意味している。「今この瞬間は愛しているけれど、一〇分後には愛していないかもしれない」ということを、私たちは認められない。もしも、「愛している」と言いながら、その一〇分後にはその愛が醒めている人がいたら、私たちは、その人が最初に言った「愛している」は嘘だった、と判断するだろう。

この意味において、**愛は、永遠を目指す**。しかし、それはなぜなのだろうか。なぜ私たちは、愛が現在だけのものに留まらず、未来にまで拡がるものであることを求めるのだろうか。

近代デンマークの哲学者セーレン・オービエ・キルケゴールは、こうした、恋愛と時間の問題を考察した。本章では、彼の思想を手がかりに、永遠の愛とは何かを考えていこう。

キルケゴール

刹那的な愛は可能か？

永遠の愛とは何か。それを考えるために、まず、その反対の形の愛がどのようなものかを考えてみよう。

永遠の愛の対局にあるのは、刹那的な愛である。つまりそれは、今、この一瞬を重視するような愛である。キルケゴールによれば、このような愛の典型的な姿は、**美しいものへの愛**である。そのため彼は刹那的な愛を「美学的な」愛とも呼んでいる。

なぜ、美しいものを愛することは、刹那的なのだろうか。それは美しいものを享受しているとき、私たちが、未来のことを忘れてしまうからだ。

たとえば美術館で美しい絵画を目の当たりにしているとき、私たちの頭からは、明日のことなどなくなってしまう。自分が眺めている絵画に没入してしまうからである。もしも、美術館の閉館時間も忘れ、スタッフに肩を叩かれることがあれば、それはそれだけ絵画の美しさに深く魅せられていたことを証明しているはずだ。

反対に、未来のことを考えながら美しいものに接するとするなら、それは美しいものへの愛ではない。たとえば「私」が、この美術館を出た後、SNSでこの絵画について感想を書こうと思い、どんな文章を書けばフォロワーから反応をもらえるかを思案しながら、絵画を観ているとしよう。このとき「私」は、その絵画の美しさに心を奪われている、とは見なされないだろう。なぜなら、もしもそうだとしたら、SNSのことなど頭から吹き飛んでいるはずだからだ。

同じことが、恋愛においても起こりうる。相手をその美しさにおいて愛するとき、「私」は、今この瞬間の喜びとして、未来のことを忘れさせるものとして、愛を捉える。たとえば、恋人と二人で過ごしているとき、「私」は、明日なんか来なければいいと思う。今、地球に隕石が降ってきて、世界が終わってしまえばいい、と思うことさえあるかもしれない。

美学的な愛は、未来を忘れさせるものであるがゆえに、持続性を持たない。今この瞬間は、今この瞬間にしか成立しないのであって、決して二度と繰り返さないからだ。だから、デートをしているとき、来週も同じようにデートをする予定だから、本当はもっと一緒にいたいけど、今日は早めに解散しよう、などという発想が生まれることはない。一緒にいたいなら、今、一緒にいたいだけ一緒にいればよい。そして、来週のデートがどうなるかなんて、知ったことではない。

キルケゴール

こうした持続性の欠如は、愛が変化に対して抵抗できない、ということをも意味する。今この瞬間は繰り返さない。だから、今日の自分と、未来の自分が同じような気持ちでいるという保証はない。もしかしたら、未来の「私」は恋人から気持ちが遠ざかっているかもしれない。しかし、そうであるとしたら距離を置けばよいのであり、最悪の場合、別れてしまえばよい。それは未来の自分が決めればよいことである。なぜなら、**愛は今この瞬間の問題であって、未来の問題ではない**からだ。それに対して、未来にわたって恋愛を持続的なものにしようとして、今この瞬間を楽しめない恋愛は、欺瞞である――美学的な愛を信じる者は、そう考える。

このように考えるなら、美学的な愛は、自由であることをあくまでも尊重する、と見なすことができる。今この瞬間に、自分がどうしたいのかということが、もっとも大切なのである。そうであるとしたら、結婚は、愛の天敵であると言えるだろう。結婚してしまったら、自分が関係を解消したいと思っても、自由にそうすることはできなくなるからである。それは、関係性の持続を優先するあまり、恋愛の本質であるはずの自由を放棄しているのだ。

美学的な愛にとって、これは本末転倒な発想である。愛は、今この瞬間の喜びである。その喜びが失われるなら、そこに愛はない。愛がないなら関係を続ける理由はない。しかし結婚は、そうした、もはや愛のない関係から人間を逃れられなくするものなのである。だから**美学的に恋愛する人によって、結婚は欺瞞**なのだ。

美学的な愛と絶望

しかしキルケゴールは、こうした美学的な愛には、根本的な欠陥があると考える。美学的な愛を成立させているのは、今この瞬間の喜びだけである。今この瞬間を成り立たせている諸条件が、その愛をもたらしている。それは言い換えるなら、もしもその条件のうち一つでも違っていたら、愛は成立しなくなってしまうだろう、ということである。

たとえば、「私」が恋人と二人で夜道を散歩しているとき、明日のことも忘れ、美学的な愛を感じたとしよう。その愛は、今この瞬間にしか成立しない。つまり、二人が歩いているその時間、その場所、見えている景色、聴こえてくる音、夜風の具合、そうしたものがすべて揃わなければ、成立しない。そうした諸条件が一つでも違っていたら、その瞬間の情感は失われてしまうはずである。

しかし、そうした諸条件が揃っているということ自体は、あくまでも偶然の産物である。たとえば、二人で夜道を散歩しているとき、美しい星空が見えていたとしよう。それは、その瞬間の愛を成り立たせるために、欠かすことができない条件である。もしもその日、雨が降っていたら、条件は変わってしまい、その情感は成り立たなかっただろう。もしかしたら二人は、イライラして愚痴を言い合い、雰囲気を台無しにしていたかもしれない。あるいは、そもそも早めに解散し、散歩すること自体しなかったかもしれない。

ところが、その夜に星空が見えるのか、それとも雨が降っているのかは、単なる天気の問題であり、偶然の結果である。二人の愛に天気を変える力はない。その日、夜道の散歩が愛を感じさせたのは、「たまたま」星空が見えていたから、でしかない。したがって、もしかしたら——もしも雨が降っていたら——、美学的な愛は成立しなかったかもしれない。そして、そうであるにもかかわらず、美学的な愛が無事に成立したのは、まったくの偶然なのである。

もちろん、そうした条件は、外的な条件だけではない。「私」は、今この瞬間は、恋人に対して愛を感じている。しかし、明日になったらその愛は醒めているかもしれない。

それは「私」の気分が変わってしまうから、つまり「私」自身が変わってしまうかもしれないからだ。「私」自身の気持ちもまた、愛を成立させる条件の一つであり、天気がそうであるのと同じように、偶然の産物である。「私」がこれから先、どんな気分になるか、どんな風に物を感じるかは、自分ではコントロールできないからである。

このように考えるなら、**美学的な愛は、徹頭徹尾、偶然に支配されている**ことになる。愛を美学的なものとして捉える限り、自分が相手を愛することに、必然的な理由はない。「私」は、その瞬間、たまたま相手を愛するだけである。もしも条件が一つでも違ったら、自分は別の相手を愛していたかもしれないし、同じように、相手が自分を愛さなかったかもしれない。そして、その条件が成立したことには、何の理由もない。すべては、たまたまそうなっただけなのである。

そうであるとしたら、愛には、「私」の意志がまったく関与しないことになる。「私」が他者を愛したいと思っているとか、他者から愛されたいと思っているか、そうしたことは、愛を成立させる根拠にはならない。愛を成立させるもの、それは単なる偶然である。愛に関して何かを意志すること自体が無意味なのだ。

キルケゴールは、このように美学的な愛において意志が無意味になることを、「**絶望**」と呼ぶ。

さて、なぜ彼ら〔＝美学的に愛する人々〕は絶望したのか見てゆこう。彼らの生活の基礎となっていたものが無常であることを発見したためでもあろうか？　しかしそんなことが絶望の原因だとしたら、いったい彼らの生活の基礎となっていたものに本質的な変化がおこったのであろうか？　それが無常であることが明らかになったのは、その無常なものの本質的変化と言えようか？　むしろ無常であることが明らかにならないとしたら、それこそ無常なものにおける何か偶然的なもの、非本質的なものではないのか？　それゆえ変化を理由づけるにたるような新しいものは何ひとつつけ加わってはいないのである。だから彼らが実際に絶望するとすれば、それは、彼らがすでに前々から絶望していたからにすぎないのである。相違はただ彼らがそれを知らなかったというだけのことなのだが、これはしかしあくまで偶然的な相違にすぎない。こうして美学的人生観はいずれも絶望であること、美学的に生きる者は、みずから知っていようといまいと、すべて絶望していることがわかる。

キルケゴール『あれか、これか』

美学的に他者を愛する人は、その愛が偶然の産物であることに気づき、絶望する。「絶望」と聞くと、自分が何かを望んでいるのに、その望みが決して叶わないと知ることであるかのように、理解されるかもしれない。しかし、キルケゴールが言わんとしていることは、そうしたことではない。むしろそれが意味しているのは、私たちがそもそも何も望みえないこと、何も意志することができないことに、他ならないのだ。あるいはもっと端的に、こう言ってもいいだろう。美学的な愛に心を奪われているとき、「私」はただ、偶然が織りなす波の中に飲み込まれているだけなのだ。そのとき

「私」は相手を「愛している」のでさえない。たまたま、「相手を愛することになっただけ」なのである。

もっとも、美学的に他者を愛するすべての人が、必ずしもこうした絶望を自覚するわけでもない。もしかしたら、嬉々として美学的な愛を楽しむ人もいるかもしれない。しかし、それは美学的な愛が絶望であることを覆す理由にはならない。本人が気づいていなくても、**美学的な愛は絶望的なもの**——本人の意志がまったく無意味であること——だからだ。

自分自身を選択する

美学的な愛は欺瞞に陥っている。前述の通り、美学的に恋愛をする人は、何よりも自由を重視していた。結婚などに縛られることなく、自分の思うままに他者を愛することを大切にしていた。そうであるはずだった。しかし、その恋愛は、実はそのすべてが偶然に左右されているのである。自分自身でさえも、明日には別の人間に変わってしまうかもしれない。それも、自分で選んだわけでもなく、何の理由もなく。そうであるとしたら、果たしてそこに本当の自由はあるのだろうか。「私」は「私」らしく生きていると言えるのだろうか。

もちろん、答えは否である。ここに美学的な愛の根本的な欠陥がある。すなわちそれは、自由であることを尊重しながら、実際には自分にいかなる自由もないことを自覚させるのである。それが美学的な愛の陥る絶望なのだ。

ただしキルケゴールは、絶望そのものが間違っていると考えていたわけではない。なぜなら、絶望することによって、人間は自分の欺瞞を自覚し、それを乗り越えるために、次の段階へと進むことができるからである。

だから絶望を選ぶがいい！　絶望はそれ自体ひとつの選択なのだから。疑うことは、それを選ばないでもできるが、絶望することは、それを選ばないではできないからである。そして絶望することによって、ひとはふたたび選ぶのであり、そのとき何を選ぶかといえば、自己自身を選ぶのであるが、その直接性においてでなく、この偶然的な個人としてではなく、自己の永遠の妥当性における自己自身を選ぶのである。

キルケゴール『あれか、これか』

キルケゴールによれば、絶望は、「ひとつの選択」である。何を選択しているのか。それは、自分が絶望していることを受け入れ、そのどうしようもない絶望的な状況を認めることを、選択するのである。そのとき「私」は、自分がただ偶然に翻弄されるだけの存在であり、自分が何者であるかさえ、自分の思うままにならないことを、受け入れる。それによって、自分自身から目を背け、目の前の享楽に身を委ねるのではなく、自分自身へと向かい合うことを、選択する。

この選択は、自分自身との関わり方を変容させる。美学的に恋愛をしているとき、「私」は、ただその瞬間の喜びだけを享受していた。「私」の関心が向かうのは現在だけに限定されていた。未来を意識すること、明日のことを考えることは、恋愛を濁らせるものでしかなかった。しかし、そうした恋愛に絶望することで、「私」は変わる。「私」は、そうした一瞬一瞬の状況に左右されることなく、「私」が何者であるかを意識し始める。自分が何者でありたいのかを意識する。自分を取り巻く偶然的な状況によって支配されるのではなく、自分の力で、自分自身を規定しようとするのだ。

キルケゴールは、そのように、自分自身によって規定された自分を、「**自己の永遠の妥当性における自己自身**」と呼ぶ。それは、言い換えるなら、偶然の状況によっては左右されない自己、どんな状況にあっても変わることのない自己、ということだ。

たとえば「私」が、「恋人に対して誠実である自分」であろうとするとしよう。そのように選択したとき、「私」は、どんな状況に置かれるのだとしても、そうした自己であることを目指す。たとえ、嘘をつきたいと思う状況に陥っても、隠し事をしたいと思う状況に陥っても、「私」は誠実な人間でありたいと意志する。そうした意志を持つからこそ、「私」は、その都度の状況に抗うことができる。あたかも、数学の定理がどの国やどの時代においても真理であるかのように、「私」はどの状況でも同じ自己であろうとするのだ。

ここまでの議論を整理しよう。美学的な愛は、「私」が偶然に翻弄される人間であることを明らかにする。「私」はそうした自分に絶望する。しかしその絶望によって、翻って、偶然に翻弄されない自分であろうとする意志を持つことができる。それは、言い換えるなら、どんな偶然的状況においても変わることのない自分であり、「永遠の妥当性」における自己なのである。

「あれか、これか」

次のような状況を考えてみよう――「私」が、「恋人に対して誠実である自分」でありたいと願っている。しかし、ある日、「私」が恋人ではない誰かから誘惑されたとする。その人は「私」にとって非常に魅力的で、その誘惑に乗れたら楽しいであろうということが、容易に想像できる。

もしも美学的な生き方をしているなら、当然、「私」はこの誘惑に乗る。そうした生き方にとっては、今この瞬間の喜びがすべてであるからだ。もちろん、そんなことをしたら、後になって浮気が露見して、恋人との関係を解消されるかもしれない。しかし後のことなど考えるべきではない。美学的な愛にとって、未来はどうでもよいからだ。

しかし、そのように誘惑に乗るのだとしたら、「私」は、その誰かが誘惑してきたという偶然の出来事に飲み込まれたことになる。もしもその誰かが誘惑して来なければ、「私」はその誰かと関係を持つことはなかっただろう。しかし、たまたま誘惑されたから、それに乗ったのだ。したがって、その誘惑に乗ったことは、「私」が自分で選んだことではない。「私」はただ、自分を取り巻く状況に従っているだけであり、すべては偶然の結果なのだ――美学的な生き方をしている人間は、そのことに気づき、絶望する。

ところが、もし「私」が、このような生き方が絶望に至ることを知っているのだとしたら、「私」は違った態度を取るだろう。「恋人に対して誠実である自分」でありたい、と願っているなら、「私」は、どんな状況に遭遇しても、そうした自分を守り抜きたいと思う。しかし、目の前には、その信念を覆させるような状況が現れている。このとき「私」は、この状況に従って自分の信念を曲げるのか、それとも自分の信念に従ってこの状況を乗り越えるのかを、**選択**しなければならなくなる。

もちろん「私」は、誘惑に負け、過ちを犯すことを選択するかもしれない。しかし、そもそも選択の可能性に開かれていなければ、その誘惑に打ち勝ち、自分自身を守り抜く可能性は、最初から存在しない。永遠の妥当性をもつ自己であることが可能なのは、絶望を知った「私」に、選択の可能性が開かれているからである。それに対して、美学的な生き方をする人には、最初から選択の可能性が開かれていない。だからこそ、自分自身を守り抜くこともまたできないのだ。

自分らしく生きようとすること。それは、次々と移り変わる偶然の状況のなかで、自分自身を選択し続けることに他ならない。キルケゴールは次のように述べる。

永遠の妥当性において自己自身を意識するのは、この世の何にもまして重大な瞬間である。その瞬間に君は捕えられ、巻きこまれ、いまやもう二度と、有限の時のなかでも永遠のなかでも、逃れられないかのようになる。君は君自身を失い、存在することを止めでもしたかのようになる。君は次の瞬間に後悔し、しかも取り返しがつかないかのようになる。ひとが永遠にわたってある永遠の力に自己の力を結びつけるなら、ひとが自己自身を時の流れも決して消し去ることのない記念を残すべきものと理解するなら、ひとが自己自身を永遠のまごうかたなき意味で現にあるがままのものとして意識するなら、その瞬間は厳粛で意義深い一瞬である。だがしかし、ひとはそれをしないでおくこともできるのだ！　見るがいい、ここに《あれか、これか》があるのだ。

キルケゴール『あれか、これか』

キルケゴールによれば、自分自身であろうとすることは、「**あれか、これか**」という選択の瞬間を開く。正しい方を選択すれば、「私」は自分自身であり続けられる。しかし、間違った方を選択すれば、「君は君自身を失い、存在することを止めでもしたかのようになる」と、キルケゴールは指摘する。そしてその選択は、二度とやり直すことができないのだ。この意味において、選択の瞬間は、「厳粛で意義深い一瞬」としてやってくるのである。

キルケゴールは、このように、一回一回の状況のなかで自分自身を選択することで、自分のあるべき自分を生きようとすることを、**「倫理的な」生き方**と呼ぶ。「恋人に対して誠実な自分でありたい」と思い、その人を愛するとき、「私」は倫理的な恋愛をしている。美学的な愛は、絶望を経由し、自分自身であろうと意志することによって、倫理的な愛へと発展する――それがキルケゴールの考えだ。

選択と後悔

一点、「倫理的」という言葉について注意を促しておきたい。日本語で「倫理的」と言うと、「他者に嘘をついてはいけない」とか、「他者に親切にするべきだ」といった、道徳的な規範を指すことが多い。しかし、そうしたことをイメージしてキルケゴールの思想を理解しようとすると、かえって混乱するだろう。

彼にとって**「倫理的」とは、どのような状況においても変わることのなく、自分らしい自分であろうとすること、そうした生き方を選択すること**である。そうした選択を伴わないなら、一般的に倫理的と考えられる規範に従う行為も、キルケゴール的には倫理的ではないのだ。

もっとも、倫理的な生き方にとって重要なのは、選択をすることであって、選択に成功することではない。自分らしい自分として生きることを正しく選択できるから、倫理的であるわけではない。人間は選択に失敗することもある。自分がどのような人間でありたいかを思い描いているのに、それを自分で裏切るような選択をしてしまうこともある。それでも、とにかく選択はしたのだから、それ自体は倫理的なのである。

では、人間は間違った選択をすると、どうなるのだろうか。キルケゴールによれば、そのとき人間は、「**後悔**」する。「あのとき、別の方を選んでいれば」「あのときに戻れれば」。そのように私たちは自分の選択を悔やむ。倫理的に生きるということは、そうした後悔に陥る可能性と常に隣り合わせになることを意味する。

ただし**後悔は、倫理的な生き方をしている人間にしか開かれない**。なぜならそれは、自分には違った選択をすることができたはずだった、つまり自分は選択に開かれていたということを、自ら受け入れることを意味するからだ。私たちは後悔するのは、そのとき選択をしたから、あるべき自分であろうと意志したからである。この意味において後悔は、自分が倫理的な生き方をしているということの、何よりも明瞭な証明になる。

反対に、美学的に生きている人は、自分の人生に後悔することがない。なぜならそうした人は、自分の行為はすべて状況によって支配されている、と考えるからだ。状況に飲み込まれ、成り行きに任せて行為する人間は、何も選択することができない。そうである以上、自分の行為の結果何が起ころうとも、それは「私」が望んだことではない。すべては起こるべくして起こった出来事だった、ということになる。「あのとき、別の方を選んでいれば」と悔やむことなどありえない。「私」は何も選んでいないからである。

言い換えるなら、後悔は、たとえ間違った方を選んだのだとしても、とにかく自分自身の生き方を選択しようとはしたという点で、何も選択しようとせず、無責任に言い逃れしようとすることよりも、優れている。何も選択しないで生きることは楽だろう。しかしそれは、結果的に、自分の人生への絶望に行きつかざるをえないからだ。

倫理的な愛としての結婚

倫理的に他者を愛するということは、具体的に、どのような恋愛になるのだろうか。

そのとき「私」は、どのような状況であっても、相手を愛する「私」であろうとする。美学的な愛が、ただ今この瞬間の相手を愛することであるのに対して、倫理的な愛は、永遠に相手を愛する自分であり続けようとすることである。したがってそれは、文字通り、**永遠の愛**を意味する。

キルケゴールは、そうした**永遠の愛は、結婚として実現される**と主張する。もっとも、ここで重要なのは、戸籍をめぐる法的な手続きなどではない。結婚の本質とは、愛し合う二人がずっと共に生きようとすること、そうした二人であろうと決断することにあるからだ。

しかし、倫理的に生きるということは、絶え間のない選択の連続である。結婚においても、それは変わらない。「私」は相手を永遠に愛することを誓う。しかし、永遠の愛は、一回の選択によって成就するものではない。二人が置かれる状況は刻々と変化していく。結婚をした二人は年を重ねていく。美しかった容姿は失われ、健康も損なわれる。生活様式が変わり、習慣も変わる。人間関係も変わる。頼ることのできた両親は死ぬかもしれないし、守らなければならない子供が生まれるかもしれない。恋人として出会った頃とは、何もかもが変わっていく。

倫理的に愛し合う二人は、それが永遠の愛であることを証明するために、刻々と変化する状況に飲み込まれることなく、永遠の愛を選択し続けなければならないのだ。

もっともそうした選択は、何か特別な瞬間に訪れる、ドラマティックで、ロマンティックな決断の出来事ではない。むしろそれは、何でもない日々の日常のなかに遍在するのである。

朝起きて、相手にどんな言葉をかけるのか。今日帰る時間を、相手にどんな風に伝えるのか。相手のちょっとした表情の変化から、何を感じ取り、どのように対応するのか。そうした、些細な、一つ一つは何も劇的ではないような選択が、結婚生活を満たしている。キルケゴールは言う。

ロマンティックな愛についてはある時点においてすぐれた呈示をすることができるが、結婚愛についてはそれができない。なぜなら、理想的な夫は、生涯においていちど理想的である夫ではなくして、毎日理想的である夫なのだから。

キルケゴール『あれか、これか』

結婚愛はロマンティックではない。ロマンティックな愛を夢見る人は、ある劇的な瞬間に訪れる、特別な場面に価値があると思い込む。たとえば、愛の告白をするとき、同棲をしようと提案するとき、プロポーズをするときなどだ。そうした選択に価値が置かれるのは、それが、なんでもない日常と対比されるからだ。そのとき日常は、大した選択を伴わないものとして、ただ漫然と流れ去るものとして、後景に退いてしまう。

しかしキルケゴールは、このように日常を軽視する態度を、断固として拒絶する。日常はただ漫然と流れ去るものではない。どれほど何でもないように思える瞬間にも、二人の関係は問い直されている。「私」は、その一瞬一瞬を逃すまいと、選択を続けなければならない。たとえば、それが、「毎日理想的である夫」として生きようとすることなのである。

この意味において、結婚愛において私たちが選択するのは、相手にとってよいパートナーであろうとすることである。

結婚愛は誠実・堅固・謙虚・根気・堅忍・寛容・正直・寡欲・[redacted]

細心・慎重・従順・快活である。すべてこれらの徳性は個人において内部への諸規定であるという特性を持っている。そのさい個人は外敵と戦うのではなく、自己自身のうちから自己を、自己の持つ愛を戦いとるのである。これらの徳性はまた時間規定を持つ。なぜなら、これらの徳性は一回かぎりのものではなくして、恒常であるというところにその真理を有するからである。

キルケゴール『あれか、これか』

結婚愛は、自分との戦いである。そのとき「私」は、状況に飲み込まれそうになる自分、時間によって変化していく自分に、必死で抵抗する。これから先、たとえ両親が死んでも、子供が産まれても、仕事が変わっても、とても大きなストレスに直面しても、感情的になることなく、不機嫌になることもなく、相手にとって昨日と同じようなよいパートナーであろうとすること、それによって、特に変わったことのない、目新しいことの何も起こらない平穏な日常を、守り抜こうとすること決意すること――それが**倫理**

的な愛なのである。

この意味において結婚愛は、時間による変化に抗うこと、時間そのものと戦うことに他ならないのだ。それがとてつもなく困難な戦いであることは明らかである。だからこそ、結婚愛は、「日常的な愛であると同時に（ギリシア的意味において）神的な愛である」と、キルケゴールは主張する。

ヘーゲルへの批判

以上のように恋愛を捉えるキルケゴールは、前章で紹介したヘーゲルの哲学に対して、厳しい批判を寄せている。

ヘーゲルは愛を対立するものの統一として捉えていた。最初は、それぞれ別の存在であった自己と他者が、互いを認め合うことによって、一つの「私たち」になる。そのとき、自己と他者の対立は解消される。「私」は恋人と一体化する。それがヘーゲルにとっての愛だった。そしてそうした愛は、相互承認という、必然的な法則に基づいて実現されるのである。

しかし、キルケゴールは、このような見方をすることが、人生から未来を奪うものであると考える。未来とは、言い換えるなら、時間が変化していくということ、これからどうなるかは分からないということだ。一度、統一が完成してしまえば、もうそれが解体することを恐れる必要はない。愛が成立した後、「私たち」は何もせずとも「私たち」でいることができる。

しかし、現実はそうではない。愛し合う二人が置かれている状況は刻々と変化するし、自分自身も、相手自身も、時間の経過とともに変わっていく。一度、愛が成立したからといって、何もせずともその愛を存続させることができるわけではない。キルケゴールは次のように言う。

ところで私はこう仮定しよう、〔ヘーゲルの〕哲学は正しく、矛盾律は実際に止揚されているか、哲学者は矛盾律をあらゆる瞬間に思索のために存在するより高い統一に止揚しつつあるのだ、と。こうしたことはしかし未来には妥当しないのである。

> 対立は、これを私が調停できるよりまえに、まずもって存在していたはずだからだ。しかし対立があれば、《あれか、これか》が存在する。哲学者は言う、これまでそうだった、と。私は問う、〔ヘーゲルのような〕哲学者になりたくないとすると、私は何をなすべきか、と。
>
> キルケゴール『あれか、これか』

ヘーゲルの哲学は、対立するもの（矛盾律《むじゅんりつ》）の統一（止揚《しよう》）のうちに必然的な法則を見出すものである。その哲学において「私」には選択の余地がない。すべては法則によって支配されているからだ。しかしその世界には「未来」が、「あれか、これか」が存在しない。

もちろん、一見して選択の余地が開かれているように見える瞬間はあるだろう。たとえば、前章で述べた通り、「私」が相手に自分を承認するよう求めるのか、それとも自分から相手を承認するのかを、「私」は選ぶことができるだろう。しかし、選択の結果として何が起きるのかは、法則に従って完全に予見できる。そこには、どうなるか分からないもの、未確定のものが、何もない。そうした意味では、やはりそこに未来はない。

しかし私たちの人生はそうなってはない。相手を承認したからといって、ずっと愛し合える保証なんてない。一度愛が成立したからといって、その愛をいつまでも存続させることは、容易ではない。だからこそ、**「私」は自分自身であるために選択し続けなければならない**のである。

ま と め

キルケゴールの恋愛論は、二つの基本概念の対比によって構成されている。


一つは、刹那的な愛であり、もう一つは、永遠の愛である。前者は美学的なものと呼ばれ、後者は倫理的なものと呼ばれる。そして、美学的な愛は根本的な問題を抱えており、倫理的な愛こそがその問題を解決できる、と語られる。改めて、両者を対比させる形で、その特徴を確認しておこう。

美学的な愛は、自由であることを求め、今この瞬間の喜びを重視する。このように恋愛を捉えるとき、自由とは制約されていないことであると考えられるため、生活に制約を課す結婚は嫌悪される。しかし、美学的な愛は時間に身を委ねることになり、偶然的な状況の変化によって、愛は簡単に失われてしまう。「私」にはそうした変化をコントロールすることができない。結局、「私」は偶然に左右されるのであり、決して自由にはなりえない。そのため「私」は絶望に至る。

倫理的な愛の可能性は、こうした絶望を意識することによって開かれる。そのとき人間は、偶然的に変化していく状況のなかで、自分のありたい自分を選択する。そのとき、あるべき自分の姿は、状況の変化に左右されることのない、時間を超えたもの、永遠のものとして捉えられる。恋愛において「私」は、自分が相手にとってよきパートナーであることを選択する。そのとき愛は永遠を目指す。キルケゴールはそうした愛を結婚愛として説明する。

ヘーゲルが、愛を統一として捉えるのに対して、キルケゴールにとって**愛は選択の連続**である。ヘーゲルの愛が、合成された化学物質のように、もはや分離することのない安定性を備えているのに対して、キルケゴールの愛は、常に時間の経過と状況の変化にさらされながら、**永遠の愛を守り抜くために戦い続ける営み**である。ただしそれは、ロマンティックな瞬間を中心とした生活ではない。むしろ、何もない日常のなかで、ささやかな毎日のなかで、よきパートナーであろうとし続けることこそが、そうした愛の実践なのである。

もちろんそれは簡単なことではない。へとへとに疲れ、相手に笑顔を見せることができない日もあるだろう。私たちは、後になってそのことを後悔するかもしれない。今日は素敵なパートナーでいることができなかった。相手には、話したいことがあったかもしれないのに、それを聞くことができなかった。倫理的な愛は、そうした後悔の連続かもしれない。だが、後悔すること自体は、何も間違ったことではない。それは「私」が自分自身であろうと意志していることの証明だからである。そうしたとき、「私」にできる唯一のことは、明日には再びいつもの「私」に戻っていること、明日こそは自分がそうでありたい自分であるよう、決意することだろう。

キルケゴールにとって、**いつもの「私」でいることこそが、相手への最大の愛**なのだ。それは、美しい口説き文句や、高価なプレゼントなどを、圧倒的に凌駕する価値を持っているのである。

第5章 なぜ愛は挫折するのか？

サルトル

本書がこれまで取り上げてきた哲学者の恋愛論には、一つの共通点がある。それは、恋愛をあくまでも成就するものとして捉えている、ということだ。

彼らの議論は、基本的に次のことを前提としている。すなわち「私」は、誰かのことを愛し、そしてその愛は実り、相手と一定の関係性を構築する。さて、その上で、相手を愛するとはどういうことか、愛することが「私」や相手との関係性にどんな作用をもたらすのか——議論が開始されるのはそこからだ。彼らの頭には、自分が相手からフラれること、それによって恋愛が挫折するという可能性への考慮が、まったくないように思える。

しかし、それでは、恋愛のごく一部しか見ていないことにならないだろうか。私たちにとって恋愛は、成就することもあれば、挫折することもある。私たちは両者を同じくらいに経験するのであり、それどころか、挫折をより多く経験する人も少なくないのではないか。

そのように考えると、**恋愛がなぜ挫折するのか、挫折に至った恋愛とは何を意味するのか**、という問いも、私たちは腰を据えて考えるべきではないか。それもまた、恋愛とは何かを考えるとき、避けて通ることのできない問いなのではないだろうか。

このような見地に立つとき、現代フランスの哲学者ジャン＝ポール・サルトルの恋愛論は、私たちに重要な手がかりを与えてくれるだろう。彼の哲学は、西洋の恋愛論を眺めるとき、際立って異質であり、独創的である。なぜなら彼は、恋愛は必ず挫折する、と考えたからだ。

人間の自由

サルトルの恋愛論は、彼の独特な人間観に基づいている。まず、その人間観について一瞥しておこう。その基本的な出発点は、「**人間は自由である**」、という思想である。

たとえば、次のような状況を想像してほしい。「私」の親が熱烈なサッカーのファンであり、「私」のことを子供の頃からサッカー選手にするために育てたとする。「私」はサッカーの英才教育を受け、実際にサッカーがとても上手になる。親以外の周囲の人々も、「私」が優れたサッカー選手になることを信じて疑わない。

さて、「私」はその後、どんな人生を送ることになるだろうか。

もちろん、親の期待に従って、「私」はサッカー選手になるかもしれない。しかし、必ずしもそうなるとは限らない。「私」には、周囲の期待を裏切って、小説家を志したり、教師を志したりすることができる。サッカーの英才教育を受けてきた「私」にとって、それはとても困難な道だろう。しかし、いずれにしても、別の人生を歩む可能性が閉ざされているわけではない。

「私」は、自分が何者であるのか、自分がどんな人生を歩むのかを、自分で選ぶことができる。それは、言い換えるなら、「私」が何者であるか、どんな人生を歩むかは、決まりきったものではない、ということだ。「私」には、どんなときでも別の生き方が可能である。この意味において、人間は可能性に開かれた存在なのである。

サルトルはここに、人間とそれ以外の事物との間にある、根本的な違いを洞察する。

人間以外の事物は、どのように存在するかを、自分で選ぶことができない。たとえばグラスは、水を飲むための道具として存在するのであり、それ以外に存在することはできない。グラスがドアになることはできないし、グラスがベッドになることもできない——もしもそのように使われるなら、それはもはやグラスではないだろう。人間以外の事物は、今ここにある通りにしか存在できない。グラスはグラスであり、グラス以外のものではないのだ。

しかし、人間は違う。人間は、今ある自分とは違う存在になることを、選ぶことができる。今はサッカー選手になることを期待されているとしても、小説家になることだってできる。「私」が何者であるかは、グラスがグラスであるのと同じような意味では、決まっていないのだ。

サルトルはこのような特徴を持つ人間の存在を、「**対自存在**《たいじそんざい》」と呼ぶ。すなわち、自分自身と相対し、自分がどうあるべきかを、自分で選ぶことができる存在、ということだ。それに対して、人間以外の事物の存在のあり方を、「**即自存在**《そくじそんざい》」と呼ぶ。それは、自分の今ある通りの姿に即して存在するあり方である。

ただし、人間が自由であり、可能性に開かれていること、つまり対自存在であるということは、人間にとって必ずしも幸福なことではない。たしかに人間には、自分自身を選択する自由がある。しかし、別の観点から眺めるなら、そうした選択をしないという自由はない、ということでもある。つまり人間は、自分が何者であるかを誰かに決めてもらうことはできず、自分で選択することを強いられている、ということだ。

しかもその選択は、一回行えば終わるものではない。たとえば、「私」が一度、小説家になることを志したとしても、後になってから「やっぱりサッカー選手になるべきだったのではないか」と思い、翻意することがありえる。人間は自由な存在であり、「私」は何者にでもなることができる。それは、自分で決めた人生に対しても、同様なのである。

私たちは、どんなときでも、別の生き方も可能であるという条件においてのみ、生きている。人間は何者にでもありえる。しかしそれは、言い換えるなら、**自分が何者であるかが永遠に確定しないということ、その意味では何者でもない**ということを意味する。人間は、まるで碇《いかり》の下ろされていない洋上の船のように、定めなく浮動するように存在するのだ。

サルトルは、こうした対自存在の根本的な特徴として、**不安**を挙げる。人間は自分が何者であるかに不安を抱いている。それは、人生が決して確定することなく、別の可能性へと開かれているからであり、つまり人間が根本的に自由であるからだ。人間が人間である限り、この自由から逃れることはできない。彼によれば、そうした事態は、譬えて言えば人間が「自由の刑に処されている」とでも表現されうるものである。自由であると同時に、不安であること——それが彼の考える、**人間の条件**なのだ。

対自存在としての人間と、即自存在としての事物——サルトルの哲学は、その二項対立を軸として展開される。

「まなざし」の脅威

サルトルは人間を対自存在として捉える。しかし彼は、ある特殊な条件のもとに置かれると、人間の自由が脅かされ、場合によっては失われてしまう、と考えた。その条件とは、「私」以外の対自存在、すなわち**他者の視線**を感じるときである。

対自存在は事物を認識する。サルトルによれば、認識の対象は事物であり、即自存在である。たとえばグラスは、水を飲むための道具として、人間に認識される。そのように認識されることで、グラスはグラス以外ではありえなくなる。この意味において、認識の対象になるということは、その対象を即自存在にすることなのだ。

さて、対自存在が即自存在と関わっている限り、問題は起こらない。しかし、対自存在が別の対自存在——すなわち、他者——と関わるとき、そこに難問が出現する。対自存在とは、何かを認識する者であり、その認識の対象を即自存在にすることができる。では、他者が「私」を認識するとき、「私」はどうなってしまうのだろうか。「私」は対自存在であるが、認識の対象になるということは、即自存在になるということである。しかし、対自存在であると同時に即自存在であることはできない。そうであるとしたら、このとき「私」には何が起こるのだろうか。

この問題を、サルトルは次のような面白い例を使って説明している。

「私」が廊下に立っている。廊下には部屋が並んでいる。「私」は、そのうちのある部屋の中が気になり、ドアの鍵穴から内側を覗く。廊下には「私」以外に誰もいない。「私」の意識は鍵穴の向こうに見える景色に集中する。

ところが、突然足音がする。誰もいないと思っていた廊下に、知らない誰かが立っていて、こちらを見ている。「私」は、鍵穴から部屋を覗き見していた姿を、他人に目撃されてしまったのだ。

このとき「私」はどんな感情に襲われるだろうか。サルトルによれば、「私」は、こんなところを見られてしまって、恥ずかしいと思うに違いない。では、その恥ずかしいという感情は、いったい何を意味しているのか。

鍵穴から部屋を覗くなどという行為をするのは、ただの変質者である。「私」の姿を見た他者は、「私」が変質者だと思うに違いない。そのとき「私」は、その他者にとって、変質者以外の何者でもなくなってしまうのである。恥ずかしいという感情は、そのように、自分が変質者へと確定することによってもたらされる。

前述の通り、「私」は対自存在だ。そうである以上、「私」は別の存在になる可能性へと開かれている。今ここにいる「私」は、そうしたさまざまな可能性のなかの、一つに過ぎない。だから、今、仮に「私」が変質者めいたことをしていても、「私」には変質者ではない可能性も開かれている。

しかし、他者の視線は、この可能性を閉ざす。他者の視線に晒された「私」は、ただの変質者であって、それ以上でも以下でもない。「私」が変質者であるということは、この他者にとって、疑う余地のない出来事、決定的な確信なのだ。グラスがグラスである、ということと同じように、この他者にとって「私」は変質者なのである。

このとき**「私」は、他者の認識の対象となることで、即自存在へと変容する**。「私」に開かれていたはずのさまざまな可能性は閉ざされてしまう。「私」は自由を奪われてしまうのだ。この自由の喪失の体験が、羞恥心を引き起こすのである。

鍵穴の例は極端かもしれない。しかしサルトルは、多かれ少なかれ、「私」が他者と関係することは、こうした他者の視線にさらされること、それによって対自存在から即自存在へと変容する体験を伴う、と考えた。彼は、そのように「私」から自由を奪う他者の視線を、「**まなざし**」と呼ぶ。

私たちは、他者と接するとき、相手のまなざしが真っ直ぐにこちらに向かっていると、どこか恥ずかしく思う。それは、「私」が対自存在から即自存在へと変容し、今ある自分以外の何者でもなくなり、グラスのような単なる事物に変わってしまったように感じるからだ――サルトルはそのように考えたのである。

他有化の脅威

サルトルは、他者の「まなざし」によって自己の自由が奪われ、即自存在へと変容させられてしまうことを、「**他有化**」と呼ぶ。そのとき「私」は、他者にとっての認識の

サルトル

対象になり、他者の支配下に置かれてしまうのだ。日本語で他有化と訳されているフランス語 aliénation は、「疎外《そがい》」とも訳されうる言葉である。つまり、他者の「まなざし」にさらされた「私」は、自分自身の可能性から追放され、本来の姿を奪われた状態になってしまうのである。

では、このように自由を奪われた「私」は、どうなってしまうのだろうか。

たとえば先ほどのサルトルの例に立ち返ってみよう。鍵穴を覗いている「私」が、他者から見られることによって、単なる変質者だと思われる。そのとき「私」は変質者という事物になる。

ただし、変質者はこの世界に一人しか存在しないわけではない。「私」以外にも、世界には変質者が無数にいる。「私」はそうした無数の変質者の一人として認識されるのだ。この意味において、他者から変質者として認識されるとき、「私」はたくさんある事物の中の一つになってしまう。すなわち、唯一無二の存在ではなく、無数にあるものの一事例へと、相対化されてしまうのだ。サルトルは次のように述べる。

> 純粋な羞恥は、これこれの非難されるべき対象であるという感

情ではなくして、むしろ、一般に、一つの対象であるという感情であり、私が対象にとってそれであるところのこの存在、下落した、依存的な、凝固したこの存在の内に、私の姿を認めるときの感情である。羞恥は、根原的な失墜 chute originelle の感情である。しかもそれは、私がこれこれのあやまちをおかしたであろうという事物から由来するのではなく、ただ単に、私が世界のなかに、もろもろの事物のただなかに、《落ちた》という事実、そして、私があるところのものであるためには、私が他者の仲介を必要とするという事実から、由来するのである。

サルトル『存在と無』

対自存在としての「私」にとって、自分は唯一無二の存在であり、絶対的な価値を持っている。「私」は「私」の人生を、他の事物と交換できるものとは見なさない。「私」

の人生よりも価値があるものなど存在しない。しかし、他者から「まなざし」を向けられ、即自存在――すなわち事物へと変容させられるとき、「私」はその他者にとって、同じようなものの一つとして、交換可能な事物として捉えられることになる。そのようにして、「私」が本来持っていたはずの絶対的な価値は、失われてしまうのである。そして、この絶対的な価値の喪失を、「私」は深刻な脅威として、自分の尊厳を傷つける事態として、体験するのである。

同じことは恋愛の場面でも起こりうる。

たとえば「私」が恋人と付き合っているとする。その恋人はいつも「私」の容姿を誉めてくれているとする。しかし、あるとき、ふと恋人が「君みたいな耳の形が好きなんだよ」と言ったとする。その言葉を聞いて、「私」に嫌な違和感が走るのだとしても、不思議ではない。なぜなら、そのとき相手は、「私の耳」が好きなのではなく、「私と同じような形の耳」が好きだ、と言っているからだ。

それは、言い換えるなら、相手にとって「私の耳」が、「私と同じような形の耳」の一つでしかないということ、つまり**無数にある事例のなかの一つ**である、ということを意味する。そのとき「私」は、自分の身体が交換可能なものでしかないということ、つまり自分が決して絶対的な価値を持つ存在ではない、と感じる。それによって「私」自身の価値、すなわち唯一無二の存在であるという尊厳は、傷つけられてしまうのである。

このようにして「まなざし」は「私」の唯一絶対の価値を否定する。そうである以上、「私」にはこの状況をそのままにしておくことができない。「私」は何とかして自分の価値を回復しなければならない。そのためには何が必要なのだろうか。

サルトルによれば、他有化にさらされた「私」は、他者に対する態度を変えることによって、この脅威に抵抗しようとする。その態度が、「**愛**」である。

他有化への抵抗としての愛

他有化の脅威に対する抵抗がありえるとしたら、それは、「私」が他者にとって交換可能な事物の一つであることをやめ、絶対的な価値を持つものとして存在する、ということだろう。「私」は、他者がそのように自分と接するように、他者への態度を変えていく。

しかし、それは具体的にはどのような事態だろうか。サルトルはこう考える。他者から事物として認識されるとき、「私」は絶対的な価値を持たなくなる。しかし、他者が認識する事物がすべて「私」になれば、つまり**他者が「私」以外に何も認識できないなら、そのとき「私」は他者にとって絶対的な存在になる。**他者が「私」のことだけを考えてくれるなら、「私」は再び自らの絶対性を回復できるのだ。

もちろん、「私」は「私」でしかないのであり、他者の生きる世界には、「私」以外の事物も存在する。その意味では、他者が「私」だけを認識するということはありえない。しかし、「私」以外の事物を眺めるのだとしても、他者がその事物を「私」との関係において、「私」に意味づけられたものとして認識するなら、それは右に述べたような事態を達成することになるだろう。

サルトルは、このように、**他者の認識するすべての事物が「私」によって意味づけられる事態を、愛**と呼ぶ。

たとえば、「私」の恋人が一人で虹を眺めているとする。そこに「私」は存在しない。しかし恋人は、一人で眺めているはずのその虹から、「私」のことを思い出し、その虹の美しさを「私」と共有したいと思う。このとき恋人は、虹を一人で認識しているにもかかわらず、その虹を「私」との関係によって――「私」とともに共有されるべき美しいものとして――意味づけている。

もしも恋人が、「私」にその虹を撮影した画像を送信し、そこに「君と一緒に見られたらもっとよかったのに」というメッセージが添えられていれば、「私」はこの相手から愛されていると思う。なぜなら「私」は、自分がいないときでも、相手が自分を思っていると知り、相手の生きる世界全体を意味付けているように感じるからである。

別の例を挙げることもできる。「私」が恋人と一緒に映画を観たとする。映画は恋愛ものであり、主人公はトップレベルの人気俳優だ。その俳優は作品のなかでうっとりするような魅力的な表情を見せる。映画館を出て、「私」は恋人と感想を言い合う。すると恋人は、「あの主人公を見ていて、なんだか君みたいだなって思ったよ」と「私」に言う。「そんな馬鹿な」と「私」は言うが、心のなかでは、やはりその相手から愛されていると実感する。なぜならそのとき、相手にとって、トップレベルの人気俳優ですら、「私」を思い起こさせる媒体に過ぎなくなるからだ。「私」は、相手が、どんなに美しい人、どんなに魅力的な人を見ても、そこに自分を感じていることを知る。それもまた、自分の存在が相手の生きる世界全体を意味付けていることの証明に他ならない。

このように他者に愛されるとき、「私」は、もはや他者のまなざしによって他有化された事物の一つではない。むしろ、他者にとってのすべての事物を、つまり世界を意味づける存在へと高められている。サルトルは次のように述べる。

> 愛においては〔……〕、恋する人は、相手にとって《世界のすべて》であることを欲する。いいかえれば、彼は世界の側に身を置く。彼は、〔他者の〕世界を総括するものであり、〔他者の〕世界を象徴するものである。彼は、他のすべての《このもの》たちを含む一つの「このもの」である。
>
> サルトル『存在と無』

このようにして、**愛は他有化によって傷つけられた自分の絶対性を、回復する**。「私」は、自分に「まなざし」を向ける恋人が生きる、「世界のすべて」と化すことによって、その恋人にとって交換可能な存在であることを乗り越えようとするのだ。「私」がいなくても、恋人が「私」のことを思ってくれるとき、どんなに美しいものを見ても、そこに「私」を感じてくれるとき、「私」は自分が救われたように感じる。そのようにして、「私」は他者から愛されたいと望むのである。

ここにはサルトルの恋愛論の大きな特徴がある。

第一に、彼にとって愛とは、「私」の自由を制限するもの、「私」を脅かすものへの情緒的な応答である。そして第二に、愛は本質的に愛されようとすることであって、自分から能動的に相手を愛することではない。

ただし、注意するべきことである。それはサルトルがこうした愛を実現するものと見なしていたわけではない、ということだ。それはいわば、本当に成立するかどうかは分からない、愛の理想なのである。その内実をもう少し詳しく分析してみよう。

愛の理想

「私」は他者から愛されたいと願う。しかしその他者は、同時に、「私」を脅かす存在である。これは一見すると不可解な主張のように見えるかもしれない。なぜ「私」はわざわざ、自分を脅かす存在から愛されたいと願うのだろうか。

再び、愛が生まれる状況を確認しよう。他者が「私」を他有化する。そのとき「私」は、それまで自由な対自存在だったのに、他者のまなざしによって、即自存在と化す。

このとき、「私」を他有化する他者、「私」にまなざしを向ける他者は、依然として対自存在であり、自由である。このとき、自由なのは他者である。「私」の自由は、この他者の自由によって打ち消され、否定されるのである。

そうであるとしたら、他者が「私」を脅かす存在である、ということは、言い換えるなら他者が「私」にとって自由な存在である、ということだ。「私」は、相手が自由だからこそ、その相手から愛されたいと願う。それは、言い換えるなら、**相手が自由ではないのだとしたら、そもそも相手から愛されることに意味などない**、ということだ。

サルトルは、愛の条件としての他者の自由を、暴君が臣下を服従させる事態と対比させながら、次のように論じている。

私が他者をわがものにしようなどということは、まさに他者が私を存在させるかぎりにおいてでなくして、どうして起こりえよう？　けれども、そこには、まさに、或る種の我有化が含まれている。いいかえれば、その場合、われわれは、自由としてのかぎりにおける他人の自由を奪いとろうとするのである。しかも、権力意志によって、奪いとろうとするのではない。暴君は愛を嘲笑する。暴君は恐怖を与えるだけで満足する。暴君が臣下の愛を得ようとするのは、政略によるものである。臣下を服従させるのにもっと安直な手段が見つかるならば、暴君は、ただちにそれを採用する。それに反して、愛されたいと思う者は、相手の服従を欲しはしない。

サルトル『存在と無』

他者に愛されたいと願うことは、「私が他者をわがものにしよう」と思うことである。しかしそれは、「他者が私を存在させるかぎりにおいて」、言い換えるなら、他者が「私」を他有化する限りにおいて、したがって他者が自由である限りにおいてである。それに対して、臣下を服従させるとき、暴君は「恐怖」を与えることで臣下の自由を否定する。だからこそ、暴君は臣下から愛されようとは思わない。なぜなら、自由ではないものから愛されることは無意味だからだ。言い換えるなら、他者に愛されたいと願う者は、「恐怖」によって相手の自由を否定しようとはしないのであり、「相手の服従を欲しはしない」のである。

愛されたいと願うことは、決して、自分を愛するように、相手を強制することではない。**強制した瞬間に、愛されることは無意味になる。**「私」が求めているのは、あくまでも、相手が自分から、自分の意志で、「私」を愛することなのだ。それに対して、自分を愛するように相手を威嚇し、恐怖を与え、精神的に支配することは、愛でも何でもない。この点で、サルトルはドメスティック・バイオレンスやモラル・ハラスメントを、決して恋愛として認めないだろう。

ただしそれは、愛されることによって「私」の自由が回復される、ということを意味するわけではない。愛されることは、あくまでも「私」が単なる事物の一つとして相対化されることを乗り越えるだけであり、「私」は依然として自由を失っている。「私」と相手の関係において、自由なのは相手だけなのだ。

もっとも、サルトルによれば、自由を失うことはただネガティブなことだけを意味するわけではない。前述の通り、自由はその対価として不安を伴っていた。人間は何者にでもなれるからこそ、自分が何者であるかが分からない存在でもある。それに対して、

他者に愛されているとき、「私」は他者に自由を奪われることで、同時に不安を抱くことからも解放されるのだ。

愛される以前には、われわれは、われわれの存在という、理由づけられずまた理由づけられることもありえないこの結節について、不安であったのにひきかえて、つまり、われわれをわれわれを《余計なもの》と感じていたのにひきかえて、いまでは、われわれは、われわれのこの存在が、そのすみずみまでも、〔他者の〕一つの絶対的な自由によって取り戻され、欲求されているのを感じる。

サルトル『存在と無』

人間は根本的に不安な存在である。人間は、どこにいても、別の生き方もできるものとして、存在する。その意味で人間は、ジグソーパズルのように、ある特定の状況にぴったりとはまり込む存在ではない。もしもこの世界がそうしたパズルだとしたら、人間は、自分がジャストフィットする場所を持たないピースであり、その意味で「余計なもの」である。自由である人間は、そうした所在のなさ、居場所のなさを抱えている。

それに対して、**愛は「私」に居場所を与える。**そこは他者の世界に他ならない。他者に愛されるとき、「私」は、その他者の世界のために存在し、その他者の人生のために生きる。「私」は、それが自分の存在する理由だと確信することができる。そのとき「私」には、それ以外の存在理由の可能性は閉ざされるのであり、この意味において「私」は自由ではない。しかし、そのように自由が失われることは、「私」にとって決して不幸なことではないのだ。

愛の自壊性

これまで、サルトルにおける愛の理想を眺めてきた。それはあくまでも「理想」であって、「私」がそうであってほしいと望むものでしかない。しかし、前述の通り、理想が実現するとは限らない。むしろ、彼によれば、**このような理想を目指して他者と恋愛をすると、私たちは必ず挫折する**ことになる。

この主張は極めて強烈なものである。サルトルは、恋愛が挫折することもある、と言っているのではない。恋愛は「**必ず挫折する**」と言っているのだ。恋愛の挫折に例外はない。もしも恋愛がうまくいっているように見えるのだとしたら、それは、理想を目指すことがすでに諦められている場合、つまり何らかの意味でどちらかが——あるいは二人が——妥協している場合か、あるいは、そもそもその恋愛は挫折に至っているのに、それを二人が認めようとしない場合以外にはありえない。

なぜ、恋愛は必ず挫折するのだろうか。サルトルによれば、それは**愛の理想が最初から実現不可能なもの**だからだ。つまりそれは、その内部に、構造的な欠陥を抱えているのである。

サルトルによれば、愛は、愛されたいと願うことである。「私」が相手を愛するということは、「私」が相手から愛されようとすることである。しかし、そうであるとしたら、相手が「私」を愛するということは、何を意味するのだろうか。もしも愛が、愛されたいと願うことであるとしたら、相手が「私」を愛するということは、相手が「私」から愛されたいと願うことである、ということになる。しかし、それなら、「私」が相手から愛されたいと願うことは、相手が「私」から愛されたいと願うこと自体を、願うことに等しくなる。しかし、もちろんこれでは話は終わらない。相手が「私」から愛されるということ、つまり**「私」が相手を愛するということは、振り出しに戻って、「私」が相手から愛されたいと願うこと**であるからだ。

愛の理想を実践しようとすると、必ず、こうした泥沼にはまることになる。サルトルは次のように述べる。

愛は、本質的に、一つの欺瞞であり、一つの無限指向である。というのも、「愛する」とは、「相手から愛されたいと思うこと」であり、したがってまた「相手が私から愛されたいと思うようになってもらいたいと思うこと」であるからである。しかも、この欺瞞についての存在論以前的な一つの了解が、愛の衝動そのものの内に、与えられている。

サルトル『存在と無』

こうした無限指向は、愛の理想の実現を妨げる。なぜなら、そもそも愛は、相手が自由な存在であることを前提としているからだ。それに対して、結局のところ相手も「私」から愛されたいだけだということに気づくとき、相手は自由な存在ではなくなり、翻って「私」が自由な存在になってしまう。それは、「私」が相手から愛されたいと思うようになった、そもそもの動機が覆されるということを意味する。そのことに気づいたとき、愛は成立しなくなる。そして「私」はそもそもその他者から愛されたいという気持ちを失うことになるのだ。

このことは、近年の表現を使えば、「**カエル化**」という現象によく似ているかもしれない。カエル化とは、一般に、それまで愛情を寄せていた相手から、自分が愛情を寄せられると、突如として相手への愛情が冷めてしまう現象である。なぜそのように愛情が冷めてしまうのか。考えられる理由の一つは、相手から愛情を寄せられることで、相手が自分から好かれようとしている、ということに気づき、幻滅してしまうから、ということではないか。「私」から愛されようとして、オロオロする相手の姿を見て、魔法が解けるように、かつての魅力が薄らいでしまう。それがカエル化を引き起こすのではないか。そうであるとしたら、それはサルトルが指摘する、**愛の自壊性**に近い現象だ。

サルトルの恋愛論に従う限り、恋愛をする人は必ずカエル化現象に直面する。そこに

例外はない。もしも恋愛をしているのに、カエル化しない人がいるとしたら、その人は相手に妥協しているか、自分に嘘をついているのだ。自分と相手の関係を客観的に眺めることができれば、どれほど熱烈な愛も、必ず冷めていく――彼はそう考えたのである。

まとめ

サルトルの恋愛論の大きな特徴は、彼が、愛をあくまでも愛されるという受動的な出来事として捉えていたこと、そして愛は必ず挫折すると考えていた点にあるだろう。その思想が非常に極端であることは否めない。しかし、彼の恋愛論の独自性は、そうした極端さだけにあるのではない。むしろ、そうした愛の概念を、人間の自由や他者との関係といった、より根源的な問題と接続させ、体系的な哲学を構想しようとした点を、評価するべきであろう。

前章で取り上げたキルケゴールと、サルトルはある面で立場を同じくしている。それは、人間の本質を自由のうちに見定めている、ということだ。キルケゴールは、決断こそが人間の人格を形成すると考えていた。どんなに穏やかに見える人生であっても、その日々は常に「あれか、これか」という選択の連続である。それは、言い換えるなら、人間が常に別の選択肢へと開かれているということだ。サルトルもまた、このような見方を継承している。彼は、人間はどんなときでも別の可能性に開かれた存在である、と考えていた。だからこそ人間は自由であり、同時に不安なのだ。

哲学史的に眺めるなら、サルトルは**実存主義**と呼ばれる立場の代表者として知られるが、その源流となった哲学者こそ、キルケゴールである。両者の間に深い類似性が見られるのは、むしろ当然のことである。

しかし、両者の間には違いもある。キルケゴールにとって、自由な選択は愛と両立するものだった。彼にとって選択は、日々の結婚生活のなかで、よき関係を維持するために発揮されるものだった。しかし、サルトルはそう考えない。彼は、むしろ**人間から自由が奪われたとき、愛が始まる**と考えたからである。「私」が他者のまなざしにさらされ、他有化される脅威への抵抗が、愛に他ならない。そうである以上、もしも他者を愛しているなら、「私」は自由ではない。自由なのは、あくまでも他者である。サルトルにとって愛は、どちらかと言えば、人間らしさが奪われた状態を指す概念なのだ。

サルトルが恋愛を消極的に評価していることは否めない。それは、哲学における恋愛論の歴史のなかでも、非常に珍しい立場であると言えるだろう。ただし、だからこそ彼は、恋愛の挫折に対して首尾一貫した説明を与えることができる。もしも恋愛が人間にとって幸福なものであり、それどころか人間らしさの証であるとしたら、失恋した人は、不幸な人間、人間らしさを失った人間である、ということになる。恋愛で失敗ばかりしている人は、どこか人間として問題を抱えている、と評価されることにさえなるかもしれない。

しかし、サルトルの哲学に従うなら、そうした見方は成り立たない。**恋愛は必ず挫折するのであり、失恋するのはむしろ当然**のことであるからだ。反対に、恋愛を長続きさせ、いつも幸せそうにしている人の存在こそが、奇跡的なことなのである。

その一方で、次のようにサルトルが主張していたことも、思い起こされるべきだろう。すなわち、恋愛において「私」はあくまでも相手の自由を絶対的に肯定しようとする、ということだ。この点においては、サルトルもまた恋愛論の歴史を継承している。恋愛は暴力ではない、絶対に。これほどまでに恋愛を悲観的に捉える彼も、その一線は、決して譲らないのである。

第6章 女性にとって恋愛とは何か？

ボーヴォワール

男女によって恋愛のあり方は異なるのだろうか。女性にとっての恋愛と、男性にとっての恋愛には、どのような違いがあるのだろうか。

本書はこれまで、恋愛の問題を、性別を考慮せずに論じてきた。つまり、恋愛をするのが男性であるか女性であるかを無視し、中立的な視点から論じようとしてきた。しかし、このように恋愛を捉えることは果たして正しかったのだろうか。恋愛に、性別に影響されない本質などが、存在するのだろうか。

この問題に鋭く切り込んだ哲学者がいる。二〇世紀フランスの思想家、シモーヌ・ド・ボーヴォワールだ。しばしば、フェミニズム思想の源流に位置付けられる彼女は、伝統的な社会に根付いてきた男性中心主義を批判し、それによってもたらされる女性の生きづらさを指摘した。恋愛をめぐる問題は、彼女の主著『第二の性』において、こうした**女性の苦悩の現れの一つ**として、論じられることになる。

本章では、このボーヴォワールの思想を手がかりにしながら、女性——すなわち、女性らしさを社会によって押し付けられた人々——にとっての恋愛の意味を考えていこう。

本来の恋愛

議論を始めるにあたって、最初に注意するべきことがある。ボーヴォワールは、女性にとっての恋愛の意味が、男性にとってのそれとは異なる、と主張する。ただしそこで主題となるのは、生物学的な性としての女性ではない。むしろ、社会からある特殊な役割を担わされた人々、すなわち女性らしく生きることを強いられた人々としての、女性である。

私たちが女性らしいと思い込んでいる性質は、すべて、社会構造によって形成されたものである。それがボーヴォワールの基本的な立場だ。そしてそれは、本来あるべき恋愛の可能性を、女性から奪うものでもある。女性は、社会から押し付けられる女性らしさのために、歪んだ恋愛に囚われる。それが彼女の恋愛論の骨子である。

では、そもそもボーヴォワールにとって、本来あるべき恋愛とはいったい何なのか。社会から押し付けられる女性らしさが、恋愛を歪んだものにするなら、歪んでいないとされる恋愛とは、いったいどのようなものなのか。彼女はそれを次のように簡潔に説明している。

本来的な恋愛は二人の自由の相互性を認めたうえで築かれなければならない。そうなれば、恋人のどちらもがお互いを自分自身として、他者として経験できるだろう。どちらもが自分の超越を放棄しないし、自分を損なうこともない。二人でともに世界に対して価値と目的を明らかにするだろう。どちらにとっても、恋愛は自分を相手に与えることによる自己の発見であり、世界を豊かにすることであるだろう。

ボーヴォワール『第二の性』

ここで特筆するべきことは、ボーヴォワールが**本来あるべき恋愛として、主体性を重視している**ということである。愛し合う二人は互いの「自由の相互性」を認め合わなければならない。言い換えるならそれは、どちらも相手を強制したり、相手に依存したりせず、そうでありながら互いに影響を与え合う関係である、ということだ。恋愛は自分自身を失わせるものではなく、自らを尊重しながら、「世界を豊かにする」体験なのである。

この意味において、恋愛は人間の主体性を前提とする。このことに性別は関係ない。女性も、男性も、ともに自律した個人として生き、自らを尊重できなければならない。自分一人で生きることができない人間に、他者を愛することはできない。なぜなら、そうでなければ、私たちには他者の欠点を許容することができないからだ。彼女は言う。

> 本来的な恋愛は他者の偶然性を、つまり、その欠点、限界、もともとの無償性を引き受けなければならない。
>
> ボーヴォワール『第二の性』

この世界に完全な人間などいない。どれほど理想的に見える人でも、必ず欠点を抱えている。たとえ、いまは欠点が何も見えなかったとしても、時間の経過によって、やがてその力は失われていく。もしも「私」が、そうした恋人の力に依存していたとしたら、「私」にはそうした恋人の欠点を受け入れることができないだろう。恋人の欠点は、その恋人を愛する「私」のアイデンティティを、脅かすもののように感じられるからだ。そのとき恋愛は解消されるか、「私」が恋人に不可能な要求をし、互いに傷つけ合うかの、いずれかになるだろう。

要するに、恋人の欠点を受け入れることができるためには、逆説的だが、「私」は恋人がいなくても生きることができなければならないのである。それが、ボーヴォワールによって恋愛の前提として個人の主体性が訴えられる理由である。

互いが自由であるということは、言い換えるなら、恋人が自分には支配できない存在であること、その意味で「私」とは異なる存在である、ということを意味する。恋人を「私」に支配されるよう仕向けること、「私」に同化させようとすることは、むしろ恋愛を破壊する。**恋愛とは、相手があくまでも他者であるということ、そうした他者性を認めるもの**でなくてはならない。恋愛の条件としての自己の主体性は、同時に愛する相手の他者性の尊重を伴うことになる。

もしも恋人が他者性を失うことがあれば、恋愛もまた成立しなくなる。言い換えるなら、「私」が恋人と生活をともにし、相手を他者としてではなく、「私たち」の一員として捉えるようになったとき、**恋愛は終わる**のである。ボーヴォワールは、そうした事態として、**結婚**を挙げる。

> 性愛とは〈他者〉に向かう運動であり、これが性愛の主要な特徴である。しかし、カップルの内部で夫婦は互いに〈同一者〉となる。夫婦のあいだでは、いかなる交換も贈与も征服も不可能になる。したがって夫婦が恋人でありつづけるのは見苦しいことが多い。
>
> **ボーヴォワール『第二の性』**

ボーヴォワールによれば、恋愛はあくまでも「他者」を求める営みである。それに対して、結婚は恋人を「同一者」に変える。それによって、恋人はもはや他者性を失い、「私」にとって恋愛の対象ではなくなる。この意味において結婚は恋愛の否定であり、その完成ではなく、終焉なのだ。

こうしたボーヴォワールの恋愛観は、ロマンティック・ラブの対局にあると言えるだろう。ロマンティック・ラブにおいて、恋愛は結婚へと到達し、それによって完成すると見なされる。しかし、彼女はむしろ、結婚によって恋愛は解消される、と考えたのだ。彼女にとって恋愛とは、あくまで「私」との一体化を拒否する者と、すなわち他者と関わろうとする関係だからである。

女性の主体性への干渉

ボーヴォワールによれば、伝統的な社会において――そして、おそらく現在においても――女性はこうした**本来の恋愛**を営むことができない状況に置かれている。なぜなら、そうした恋愛の条件であるはずの主体性が、女性から奪われているからだ。彼女は次のように述べる。

人は女に生まれるのではない、女になるのだ。社会において人間の雌がとっている形態を定めているのは生理的宿命、心理的宿命、経済的宿命のどれでもない。文明全体が、男と去勢者の中間物、つまり女というものを作りあげるのである。

ボーヴォワール『第二の性』

日本ではしばしば、恋愛における女性らしい振る舞いとして、一歩下がって男性を立てる姿が称えられることがある（当然のことながら、そうした言説は完全に馬鹿げている）。一歩下がるということは、二人の行方を男性が決定するということ、そうした権利を男性に譲るということだ。恋愛において、選択するのは男性であり、女性は男性の決定に従うだけである。そうした、主体性を発揮しない姿が、女性らしい振る舞いとして見なされている。

なぜ、主体性を発揮しないことが女性らしさなのだろうか。伝統的な社会では、その理由は次のように考えられてきた。すなわち女性には、生まれつき主体性が備わっておらず、それは男性が分担するべき役割だからだ。ボーヴォワールは、こうした先入見を痛烈に批判する。主体性の有無に性別の違いは関係ない。女性であっても主体性は発揮しうる。それが不可能になっているのは、社会が——すなわち、教育や、慣習や、政治や、経済構造が——女性に対して主体性の発揮を妨害しているからに他ならない。

それでは、女性の主体性はどのように妨げられているのだろうか。ボーヴォワールは、それを明らかにするために、女性が受ける社会からの干渉を、その子供時代にまで遡って再構成する。

生まれた直後、男女は等しい扱いを受けている。赤ちゃんには、女性らしさも男性らしさも求められない。違いが生じるのは、離乳期の頃である。この時期を境に、親は、女児と男児に対して異なる対応をするようになる。

男児に対しては、親へのキスや愛撫が少しずつ拒否されていき、「男の子なんだからしっかりしなさい」という言葉に典型的に表されるように、大人と同じ行動規範に従うことが求められる。一方で、女児に対してはそうした親への身体接触が認められる。女児は可愛がられ、たとえ親に甘えたとしても、許される。

女児と男児は、その遊び方においても異なる扱いをされる。男児は体を使って外で遊ぶことを勧められる。男児は遊びを通して戦い、競い、自分の力を試す。それに対して女児には人形が手渡される。女児は、人形遊びを通して、人形への扱いから自分自身を理解するようになる。すなわち、**他者から愛されるためには、人形のように美しくあらね**

ばならないと考えるようになる。

こうした、子供時代の扱われ方の違いが、女性から主体性を奪う最初の干渉になる。大人と同じように扱われ、友達とともに自分の力を試すことを許される男児は、自分自身を、自らの人生を選択する主体として理解する。それに対して、大人に甘えることを許され、人形と自分を同一視する女児は、自分が何かを選択するのではなく、自分の代わりに選択してくれる主体に、すなわち親に愛されなければならない、と考えるようになる。そしてそのためには美しく、かわいい存在でいなければならない、と信じ込んでいく。ボーヴォワールは次のように述べる。

女は気に入ってもらうためには気に入られるようにしなくてはならない、自分を客体にしなくてはならないと教えられる。だから、自分の自律性をあきらめねばならない。生きた人形として扱われ、自由を禁じられる。このようにして一つの悪循環が作りあげられる。自分を取り巻く世界を発見し、把握し、理解するために自分の自由を行使しなくなればなるほど、それだけ自分の可能性を見つけられなくなり、それだけ自分を主体として思い切って確立する勇気がなくなる。

ボーヴォワール『第二の性』

ボーヴォワールは、主体性を妨害された女性のあり方を、自らを「**客体**」として理解する態度として説明する。客体とは、主体にとって存在するものである。客体がどのようなものであるかを決めるのは、客体自身ではなく、主体である。したがって客体には、自分が何者であるかを、自分で選択する力がない。客体は主体に依存し、その運命を委ねている。

伝統的な社会において、女性は客体として存在するよう教えられる。すなわち、子供時代は親の客体として、そして成長した後は、男性の客体として存在することを強いられる。そうした教育のなかで、自分の主体性を発揮する「**勇気**」は、女性から損なわれていくのである。

存在の正当化としての愛

女児は、さしあたりは、母親から愛されることを望む。しかし、成長していくに連れて、その対象は父親へと変わっていく。なぜなら、家庭内の力関係をはっきりと理解できるようになると、本当に権威を有しているのは父親の方であると気づくからだ。そうした父親から愛されたとき、娘は大きな幸せを感じることができる。

父親が娘に愛情を見せるとき、娘は自分の存在がすばらしく正当化されたと感じる。彼女は他の人たちがなかなか手に入れられない美質をことごとく備えているのだ。彼女は満ち足りていて、神のように崇《あが》められる。生涯をとおして、娘がこの充足と平和を郷愁をもって追い求めることもありうる。この愛情が拒否されると、彼女は自分に罪があり、だから、罰を与えられたのだと永遠に感じつづけるかもしれない。もしくは、自分の価値づけを他に求めたり、父親に冷淡になるか、または敵意さえ抱くかもしれない。

ボーヴォワール『第二の性』

ボーヴォワールによれば、このようにして、やがて女性が抱くことになる恋愛への執着の原型が形作られていく。注意するべきことは、娘は、自分自身が父親を愛しているから、父親から愛されたいと思っているわけではない、ということだ。娘が期待しているのは、あくまでも、**自分の存在を「正当化」してもらう**ことである。なぜなら娘には、自分では自分の存在を正当化できないからだ。こうした体験を、後年、女性は恋愛においても同じように期待するのである。

父親に愛されたとき、娘は自分が「神のように」崇められたと感じる。それはいわば、何らかの超越的な力によって、聖なるパワーを授けられたかのような体験だ。そうしたパワーを授けることができるのは、そもそも「私」にとって超越的な存在でなくてはならない。そうである以上、娘が愛されようとする相手は、自分を超越したもの、言い換えるなら最初から自分と対等ではない他者なのである。

そのうえ、愛されるために、娘はそれに相応する「美質」を備えていなければならない。相手が愛したいと思えるような、美しく、かわいい「私」でいなければならない。したがって、愛されようとする娘は、「私」を愛してくれる超越的な他者にとって、美しいと思ってもらえるような自分になろうとする。いわば、相手から見える自分をイメージし、そのイメージに自分を同化させるのである。この意味において、他者から愛されようとする女性が何者であるかは、その他者が自分をどのように眺めるかによって左右される。そのとき女性は、何らかの決定権をもつ主体ではなく、あくまでも他者の決定に従う客体である。

ただしこのことは、もしも父親から愛されなければ、娘は自分の存在を正当化することができない、ということでもある。存在が正当化されない、ということは、自分がいてもいなくてもよい存在だということ、あるいは自分が世界から拒絶されているかのように感じるということである。だからこそ、そのような場合、娘は自分を愛してくれなかった父親を憎む。娘にとって、愛されないことは、自分の存在を否定されることであり、一つの暴力のように感じられるからだ。

身体からの疎外

女性は、自分が他者からどう見られるかによって、自らのアイデンティティを形成していく。もちろんボーヴォワールは、こうした事態を単なる現状の記述として述べているのであって、そうであるべき望ましい状態として捉えているわけではない。そんなことはありえない。彼女は、あくまでも女性が置かれている状況は改善されなければならない、と考えていた。しかし、何をどう改善していくべきかを明らかにするためには、それに先立って、現状をありのままに理解することが必要なのである。

さて、右に述べたような、女性のアイデンティティの客体化に、追い討ちをかける出来事が起きる。それは、**身体の変化**である。思春期を迎えた女性の身体には、劇的な変化が起こる。乳房が膨らみ、生理が始まる。そしてその変化を、社会は覆い隠し、公に語らないようになる。思春期を迎えた女性は、自分の身体に起きている変化が、大っぴらに語られるべきではないこと、沈黙するべき、恥ずべきことであると学習する。

しかし、その身体は自分自身に他ならない。したがって女性は、自分自身が、まるで社会のなかで恥ずべき存在になったかのように感じる。それは、それまでの自分が自分ではなくなってしまったかのような感覚であり、過去の自分自身と断絶したかのような気分だ。ボーヴォワールは、思春期を迎えた女性について、次のように述べる。

女の子は自分の身体が自分のものでなくなり、自分の個性の明確な表現ではもはやないのだと気づく。彼女の身体は彼女にとって未知のものになった。と同時に、彼女は他人から一つのモノとして捕らえられるようになったのである。通りで、人は彼女を目で追い、その体つきをとやかく言う。彼女は見えなくなりたいと思う。肉体になることを恐れ、自分の肉体を見せることを恐れる。

ボーヴォワール『第二の性』

思春期を迎え、女性的な身体に変貌していく女性は、外界で自分が女性として眺められることを感じる。それは自分の身体が、個性的な存在としてではなく、数多存在する女性の一人として、いわば**交換可能な女の一人として、認識される**ことを意味する。女性にとってそれは個性の否定である。しかし、その身体は、紛れもなく自分の身体なのだ。だから女性は、自分の身体が、自分の個性を否定しているように感じる。そのようにして、あたかも**自分の身体から疎外されている**かのような感覚を抱くのである。

もちろん、成長期において身体に変化が起きるのは、女性だけではない。男性もまた、体毛が生えるなどの、明らかな変化を経験する。しかしその変化が持つ意味は違う。ボーヴォワールはその違いを次のように説明する。

男の子は生えてくる体毛のなかに無限の約束を見て感嘆する。女の子は自分の運命を阻《はば》む「突然始まった出口のない深刻な事態」の前で呆然とする。ペニスは社会的状況から特権的価値を引き出す。同じように、この社会的状況が月経を呪《のろ》われたものにするのである。ペニスは男であることを象徴し、月経は女であることを象徴している。女であるしるしが恥ずべきこととして迎えられるのは、女であることが他者性と劣等性を意味するからである。女の子の人生はつねに女の子にとってそうした何か漠然とした本質によって決定されるものとして現われる。

ボーヴォワール『第二の性』

男性が体毛に「無限の約束」を感じ取るか否かは、分からない。少なくとも筆者はそれに共感できない。しかし、少なくとも「月経」の扱われ方が「社会的状況」によってあたかも「呪われたもの」であるかのように扱われていることは、多かれ少なかれ、事実だろう。

たとえば薬局で、女性が生理用品を買うと紙袋に入れられる。それは女性の生理が人目につくべきものではないこと、すなわち「恥ずべきこと」として位置づけられているからだ。恥ずべきこととは、**「他者性と劣等性を意味する」**。しかし、生理という生物学的事実が、それ自体として、何か劣等性を意味することなどありえない。生理をそのように意味づけているのは、あくまでも社会的状況なのである。

成長期を迎えた女性は、社会のなかでより一層、客体として扱われるようになる。しかも、ただ美しいもの、かわいいものとしてだけではなく、同時に、恥ずべきもの、劣ったものとしても眺められるようになるのだ。女性の客体性は、同時にその劣等性としても刻印づけられるのである。

恋愛への執念

このようにして、男性と女性の間には、その生き方において根本的な違いが生まれてくる。男性はこの社会に主体として存在する。自分の人生を自分で決め、自分の価値観によって出来事を評価する。それに対して、女性はこの社会に客体として存在する。女性は、男性に自らの人生の選択を委ね、男性の価値観によって出来事を、それどころか自分自身を評価する。なぜ、そのように主客の分離が起きるのだろうか。それは男性が優れていて、女性が劣っていると、**社会が評価する**からである。女性は、その存在に劣等性を抱えているからこそ、自分で何も決めることができず、優等性を備えた男性によって管理されなければならない——それが、伝統的な社会における男女の状況であると、ボーヴォワールは考える。

このような状況に置かれることは、女性の人生を生き辛くする。なぜなら、女性もまた一人の人間であり、人間である以上、自分の人生を選択する存在であるからだ。彼女は次のように述べる。

自己を主体、自律、超越として、絶対として感じている個人にとって、自己のなかに劣等性を生まれながらの本質として見出すことは奇妙な経験である。自分に対して自己を〈一者〉と定めたものにとって、自分に対して自己を他者性として示されるのはなんともおかしな経験だ。人生修業を積むなかで、女の子が自分を一人の女としてとらえるようになったとき、彼女のうちに起こるのはまさにこうした経験なのである。

ボーヴォワール『第二の性』

人間は、誰であれ、主体としてこの世界に存在し、自律的に人生を選択し、自分の存在に絶対の価値を感じる。そんなことは当たり前である。しかし、そうであるにもかかわらず、女性は人間が備えるべき当然のあり方を、社会から妨害される。「私」とは何者だろうか。男性はその問いに向かい合うことができる。しかし女性は、男性にとって「私」とは何者だろうか、という形でしか、自分自身と向かい合うことができない。女性にとって自己とは、男性の前にいる自分、すなわち男性にとっての他者なのである。

そのようにして女性は不可避に葛藤に陥る。「私」にとって、自分は絶対の価値を持っている。しかし、その価値を自分で正当化することはできない。社会のなかでは客体として、劣ったものとして評価される。このような状況に陥ったとき、**女性に与えられる解決策は、男性から自分の価値を正当化してもらうこと、すなわち愛されること以外にない。**

> たいていの場合、女が恋の相手に要求するのはまず彼女の自我《エゴ》の正当化、賛美である。大多数の女は愛する代償として愛され

る場合にしか恋に自分を委ねない。しかも往々にして、彼女たちを恋人にするには愛が示されるだけで十分である。

ボーヴォワール『第二の性』

ボーヴォワールは、このような観点から、なぜ男性と女性との間で、恋愛に対する情熱が異なるのかを説明している。男性が恋愛に情熱を燃やすことがあっても、それが人生のすべてを占めることはほとんどない。男性にとって恋愛はあくまでも人生に彩りを加えるものに留まる。しかし、**女性にとって恋愛は、しばしばその人生のすべてになる。**恋愛が成功すれば、つまり意中の人から愛されれば、それだけで人生が報われたように感じる。なぜなら、女性にとって愛されるということは、自分の価値が正当化されることを意味するからだ。

恋人への態度

人間は自分の存在に絶対的な価値を感じる。女性にとって、その価値は恋人から愛されることによって正当化されなければならない。女性は、その正当化が絶対的なものであることを願う。だからこそ、自分を正当化してくれる恋人もまた、絶対的な存在であって欲しいと願う。ボーヴォワールは次のように述べる。

自分の肉体、感情、行動をとおして、愛する男をこのうえないものと称《たた》える。彼を価値として、最高の実在として認める。そして、彼を前にして彼女は自分を無にしてしまうだろう。愛は女にとって一つの宗教となるのである。

ボーヴォワール『第二の性』

女性は、恋人を過大評価し、超越的なものとして扱い、いわば神として崇める。これは、娘であった頃、父親を超越的な存在として崇めていたことの、反復である。恋愛をしているとき、周りから見ればどう考えてもろくでもない恋人を、まるで素晴らしい人間であるかのように錯覚してしまう。なぜなら、恋人が「最高の実在」でなければ、その恋人が自分に与えてくれる愛も、そしてその愛が実現する自らの存在の正当化も、不完全なものになってしまうからだ。だからこそ、**女性にとって恋愛は一つの「宗教」**と化す。それは、言い換えるなら、女性は恋人に対して不可避に盲目になる、ということでもある。

しかし、ここには矛盾がある。なぜなら女性は、自分の存在に絶対的な価値を感じるために、恋人から愛されようとしているにもかかわらず、むしろ恋人に絶対的な価値を認め、それに対して自分を「無にしてしまう」からである。つまり、自分自身を（恋人からの正当化によって）肯定しようとしながら、同時に自分自身を（恋人を神として崇めるために）否定するのである。

この矛盾は、元を正せば、女性のアイデンティティが客体性によって支配されていることに起因する。恋愛をする女性がこの矛盾を乗り越えることができるとしたら、その方法は一つしかない。すなわち、その恋人と自分を同一視すること、その恋人と一体化することである。

人間の愛の最高の目的は、神への愛と同じように、愛する人との一体化である。価値の尺度、世界の真実は恋人の意識のなかにある。だから、恋人に仕えるだけではまだ十分ではない。女は恋人の目をとおして見ようとする。彼が読む本を読み、彼の好む絵画や音楽を好み、彼と一緒に見る景色、彼の頭に浮かんだ考えにしか関心を示さない。彼の友情、彼の反感、彼の意見をわがものとする。何か自問するとき、彼女が聞こうと努めるのは彼の答えだ。胸には彼がすでに吸った空気を吸い込みたい。彼の手から受け取らない果物や花にはなんの香りも味もない。彼女の場所空間の感覚そのものがひっくり返される。世界の中

ボーヴォワール

心は、彼女がいる場所ではもはやなく、恋人がいる場所である。

ボーヴォワール『第二の性』

ボーヴォワールによれば、恋愛において女性は恋人と一つになろうとする。ただしその一体化は、ヘーゲルが考えていたような、相互に対立するものの統一ではない。そうではなく、女性が恋人に同化すること、女性が恋人の側へと自己を消化させることに他ならない。だからこそ、男性は変わらぬ自分自身でいることができるが、女性は恋人に合わせて価値観や趣味嗜好を変化させる。そのようにして女性は、恋愛するまでに培ってきた自分自身を、恋人のために捨てなければならなくなってしまう。

恋愛の苦悩

では、恋愛は女性の苦悩を救済してくれるのだろうか。

たしかに、恋人から正当化されることで、女性の劣等感が緩和されることはあるかもしれない。しかしそれは根本的な解決にはならない。それどころか、恋愛に依存することは、女性の人生をさらに生きづらいものにしていく。愛されることが存在の正当化であるということは、愛されなければ存在が正当化されない、ということでもある。したがって、恋愛をしているにもかかわらず恋人から愛されないことは、女性にとって、自分の存在を否定されることを意味する。だからこそ、女性にとって恋人から愛されないことは深刻な脅威なのである。ボーヴォワールは次のように述べる。

望むほど彼が愛してくれず、その心をつかむのに失敗するならば、彼を幸福にできず、満足させられないならば、恋する女のナルシシズムはそのまま自分への嫌悪、侮辱、憎悪に変わり、自己懲罰へと彼女をかりたてる。

ボーヴォワール『第二の性』

愛されないことによる存在の否定は、決して、恋人からの暴力を意味するわけではない。恋人に「私」を傷つけるつもりなどないかもしれない。それでも、ただ愛されないことだけで、「私」は傷つく。「私」自身が、恋人から愛されない自分を否定し、傷つけるからである。愛されない女性は「自分への嫌悪」を抱き、「自己懲罰」を自分に与える。なぜなら、恋人が「私」を愛さないのは、「私」に恋人から愛されるだけの価値がなかったからだ、と考えるからである。

もしも「恋人には見る目がなかったのだ」と考えることができたら、「私」はこうした自己否定から逃れることができるだろう。しかしそれは成功しない。なぜなら、恋人は絶対的な存在であり、あらゆる判断の基準であって、その判断が誤ることはありえないからだ。恋人は超越的な存在であり、神でなくてはならない。だからこそその恋人から「私」は愛されたいと思う。もしも、「私」を愛さない恋人に対して、相手には「私」を見る目がない、と考えることができるなら、そのときすでに「私」はその恋人を愛していないだろう。

そうであるとしたら、女性にとって恋愛は、どう考えても喜ばしいものではない。恋愛をする女性は、常に恋人から否定される脅威に怯え、ビクビクしながら相手に従属し、相手の機嫌を損ねないよう、不安を抱え続けなければならないからだ。

自分でそうしている自覚がまったくなく、またそうするつもりもまったくないままに女の運命を手中にしている男の前で、女はおびえながら一生を過ごす。彼自身の運命の不安に満ちた無力な証人である一人の他者のうちに包まれて、彼女は危険にさらされる。自分の意に反して暴君になり、心ならずも死刑執行人になったこの他者は、彼女や彼の望みにもかかわらず、敵の顔を持つ。恋する女は、結合を求めたかわりに、孤独の最も苦い味を知り、共犯のかわりに、争いやしばしば憎しみをも経験する。女にあって恋愛は、女に強いられた依存を引き受けつつ、それを乗り越える最後の試みである。しかし、同意のうえの依存であっても、それは恐れと従属のうちに生きられるほかない。

ボーヴォワール『第二の性』

前述の通り、本来の恋愛は、愛し合う二人が主体性を持つことを前提にしている。しかし、その条件が女性からは奪われている。自分の存在が否定される、という恐怖に怯える女性にとって、恋人は、それがどれだけ優しい人物だったとしても、「暴君」であり、「死刑執行人」である。もちろん女性は自ら恋愛をする。しかしそれは、「恐れと従属」のなかへと、自分から入っていくことを意味する。そのようにして**恋愛は女性の苦悩をより深くする**のである。

まとめ

ボーヴォワールの恋愛論の骨子は、次のようなものだ。本来の恋愛は恋人同士の主体性を前提とする。しかし、社会は女性から主体性を奪うため、女性は本来的な恋愛をすることができない。そうした社会のなかで、女性は男性によって評価される客体として扱われ、自分自身をそうした客体として理解することを強いられる。このとき女性のアイデンティティは、主体性と客体性の間で葛藤を引き起こし、苦悩に陥る。こうした葛藤から、女性は男性によって自らの絶対的な価値を正当化してもらうこと、すなわち恋愛において恋人から愛されることを求める。しかしそれは、決して根本的な解決にはならず、かえって女性の苦悩を深化させることになる。

前章で紹介したサルトルとボーヴォワールの間には、興味深い一致点がある。それは、両者がともに、恋愛を「**愛される**」という受動的な姿勢に基づくものとして捉え、そしてそれを、他者による主体性の否定に対する応答として説明していたことだ。とはいえ、そこには明確な違いもある。

サルトルは、恋愛は必ず挫折すると考えていた。なぜなら、他者から愛されようとすることは構造的な矛盾を抱えているからだ。人間は相互的な存在である。だから「私」が他者から愛されようとすれば、他者も「私」から愛されようとしてくる。したがって、「私」は自分が愛されたかったのに、「私」の方から相手を愛してやらなければならなくなる。そのため「私」はいつまでたっても他者から愛されることがないのである。

こうしたサルトルの恋愛論は、愛し合う人間が対等であり、相互的であることを前提にしている。しかしボーヴォワールに従うなら、この発想は、社会において女性が置かれている苦境を無視している。なぜなら、主体性を奪われている女性は、そもそも男性と対等な力を持たず、両者の間に相互性は成り立たないからだ。伝統的な社会において、男性は主体であり、女性は客体である。だから、女性が相手から愛されたいと願うことがあったとしても、男性が女性に対して愛されたいと願うことなど――少なくとも、女性が男性に対してそう思うように、愛されたいと願うことなど――ありえない。それによって、一時的にであったとしても、女性に主体性が取り戻されることなど、ありえない。女性と男性の立場が反転しうると考える時点で、サルトルには女性の生きづらさが見えていないのである。

ただしボーヴォワールは、それが本来の恋愛はそうしたものではない、とも考えている。私たちには、決して他者から愛されようとするだけではない恋愛も可能なのであり、それこそが、本来あるべき恋愛の姿なのだ。従って彼女は、サルトルのように、恋愛は必ず挫折すると性急に結論づけるわけではない。むしろ**本来の恋愛は、人生を豊かにし、持続的な幸福をもたらすものでもありえる**のである。

では、そうした本来の恋愛を取り戻すために、何が必要なのだろうか。ボーヴォワールによれば、それには何よりもまず、女性が主体性を持って生きることができるよう、社会構造を変革することが求められる。彼女はその具体例として、女性が経済的に自立し、男性に頼ることなく生活できる状況を挙げている。そうすれば、女性は男性を必要とせずに生きられるようになるだろう。そしてそれによって、本来の恋愛の条件が成立するだろう。

彼女はそうした未来を展望していた。今日の日本社会はその未来に達していると言えるだろうか。答えは、もちろん、否である。

第7章 なぜ恋人と分かり合えないのか?

レヴィナス

恋愛はすれ違いと誤解の連続だ。相手に自分の思いを伝えたいと思うし、相手のことを理解したいと思う。しかし、それは簡単なことではない。何気なく言った一言が、予想もしない形で、相手を傷つけてしまうかもしれない。それに対してどれだけ弁明しても、その言葉は相手に届かないかもしれない。

分かり合おうとする努力が大切なのは間違いない。しかし、それが実現する保証なんてない。恋人と完全に分かり合うなんて、ほとんど不可能であるようにも思える。

そもそも分かり合うとは、何を意味しているのだろうか。分かり合えなかったら、その恋愛は不完全なのだろうか。あるいは、完全に分かり合えてしまったとき、二人の関係はどのように変わるのだろうか。

分かり合うということ——それはコミュニケーションの問題であり、理解の問題である。そうした問題をめぐって、独創的な恋愛論を展開したのが、二〇世紀フランスの哲学者エマニュエル・レヴィナスである。

彼の思想を要約すれば、それは次のようなものだ。「私」には、恋人と分かり合うことができない。なぜなら「私」にとって恋人は他者であり、他者を理解し尽くすことはできないからだ。しかし、理解し尽くすことができないからこそ、「私」は恋人を求める。**分かり合えないからこそ、「私」はその人を愛する**のだ。

なぜ、彼はそう考えたのだろうか。本章では、レヴィナスの哲学を手がかりに、恋愛とコミュニケーションの問題を考えていこう。

「守るって、どういうこと？」

レヴィナスの哲学は、本書が扱う哲学者のなかでも、かなり難解な部類に入る。そこで、次のような事例を手がかりにしながら、考察を進めてみよう。

ここに二人の恋人がいる。一人は男性であり、もう一人は女性である。二人は互いに愛し合っており、今のところ、平和に恋愛関係を楽しんでいる。

彼氏は非正規雇用であり、不安定な生活を強いられている。正社員として雇用されることを目指しているが、なかなか思うような仕事が見つからない。それに対して、彼女は大手の企業に正社員として雇用されており、彼の倍の収入を得ている。職場では部下から優れた上司として慕われている。

社会的な地位は、明らかに彼女の方が上である。しかし、彼氏は心のどこかで、彼女に対して男らしくありたい、頼られる存在でいたい、と思っている。だから、自分の年収の方が低いことを、後ろめたく思っている。しかし、そんなことを彼女に言ったことはなかった。彼にとってそれは、男らしい姿ではないからだ。

ある日、二人はデートの帰り道に、夜景を眺めながら散歩していた。ロマンティックな雰囲気が辺りを包んでいた。彼氏が、唐突に口を開き、彼女に対してこう言った。

「なぁ、これからもずっと、俺がお前を守るよ。今は頼りないかもしれないけど、立派な男になるよ」

この言葉を聞いた彼女は、閉口した。そして、しばらくの間を置いてから、彼氏にこう問い返した。

「守るって、どういうこと？」

彼氏は彼女の顔を見た。彼女には表情がない。彼氏は、自分が問われていることの意味が、よく分からない。しばらくの沈黙のあと、彼女は「今日はもう帰るね」と言って、彼氏の答えも聞かずに、一人で帰ってしまった。

一人で取り残された彼氏は、彼女がどのような気持ちで、なぜ、「守るって、どういうこと？」と言ったのかを、必死に理解しようとした。家に帰ってからも、ずっと一人で考えた挙句、彼は一つの答えに行き着く。すなわち、非正規雇用の今の自分に、彼女を守れるはずがない、と彼女は考えたのだ。守るなどというのなら、まずは正社員になって、自分を超える年収を得てから言えと、そう思ったのだ。彼氏はこのように解釈した。

翌日、彼氏は彼女に連絡を取って、昨日の自分の言動を次のように言って詫びた。

「昨日はごめん。君の気持ちを何も考えていなかった。君よりも年収の低い俺が、君のことを守るなんて言うのは、間違っていたよね。まずはちゃんと仕事について、一人前の男になるからね」

そう言うと、彼女はこう返答した。

「あなたは何も分かってないよ」

なぜ彼女は怒ったのか？

彼氏は彼女の気持ちを理解することに失敗した。ではその失敗は、なぜ、どのようにして起きたのだろうか。

彼氏は彼女に対して、男らしく、頼られる存在でありたい、と思っていた。彼にとって、男性は女性を守る存在であるべきであり、女性は男性から守られるべき対象だった。しかし――ここが重要なポイントだ――彼は、彼女が恋人だったから、そうした思いに至ったわけではない。彼女自身は、明らかに彼氏から守られる必要がないからである。つまり彼は、恋人が誰であったとしても、男性が女性を守る存在であるべきだ、と思っていたのである。

ここには、彼氏が暗黙のうちに前提とする、男性と女性のあるべき関係についての**規範**が、つまりジェンダー規範が示唆されている。彼は、社会のなかで形成された、男性と女性のあるべき姿を、知らず知らずのうちに内面化しているのだ。彼女に対して発せられた、「俺がお前を守るよ」という発言は、そうしたジェンダー規範の発露であると言える。

視点を変えよう。このように彼氏に言われた彼女は、その言葉をどう受け止めたのか。

彼女は、「俺がお前を守るよ」と言われることで、自分が守られるべき対象として扱われているように感じたに違いない。実際には、彼女は誰からも守られることを必要としていない。そうであるにもかかわらず、彼女は彼からジェンダー規範を適用された。それによって、自分が貶められたように感じたのだ。しかし、それはなぜなのだろうか。

すぐに思いつくことは、それは彼氏が、彼女の能力を過小評価しているからだ、というものだろう。しかしそれだけではない。そもそもジェンダー規範は、社会によって形成されたものである。その規範を押し付けてくる彼氏は、誰に対しても適用されるものを、彼女に対しても押し付けている。彼は、社会のなかにいる無数の女性の一人として彼女を扱い、どの女性に対しても同じように取るだろう態度を、彼女に対して取ったのだ。そのとき彼女は、自分の個性が否定されたように感じたのではないだろうか。

では、彼氏はなぜ、ジェンダー規範から逃れることができなかったのだろうか。

それは、彼にとってそのジェンダー規範が、社会生活を支える価値体系の一部を成しているからだ。彼が「当たり前」だとみなしている日常を、その規範が基礎づけているからだ。彼はその価値体系を前提として、物事を評価し、判断し、活動している。そしてそれは、彼がこれまで出会ってきたさまざまなもの――親からの教育、友達との会話、接してきたメディアの情報――によって作り出されたものだ。この意味においてジェンダー規範は、今の彼を形成しているさまざまな価値観と複雑に折り合わさりながら、彼の心のなかに定着しているのである。

そうであるとしたら、彼女に対して「俺がお前を守るよ」と言うことは、そうした価値体系のなかへと、彼女を組み込むことを意味する。いわば、**価値体系という大きなパズルを完成させるために、彼女をそのピースの一つとして扱っている**のだ。しかしそれは、彼女がそう感じたように、彼女の個性を否定し、彼女を貶めることを意味する。

全体性による暴力

彼氏は、もしも自分の過ちに気づくことができたら、自分の発言を訂正できただろうか。男性が女性を守るべきである、という規範が誤っていることを認め、その規範自体を捨てることができただろうか。

おそらく、そう簡単にはいかない。彼は、自分のジェンダー規範を自覚したとしても、それを簡単に捨て去ることはできないだろう。仮に、彼女が心優しい人物であり、彼の発言のどこに腹が立ったのかを丁寧に説明したとしても、彼は自分の考えや価値観に固執するだろう。そうした事態は、容易に想像できる。

しかし、それはなぜなのだろうか。

前述の通り、ジェンダー規範は彼の生きる価値体系の一部を成している。価値体系は、それによってこの世界に存在するすべてのものが評価され、その位置付けが画定される基準のようなものである。そうした基準は、「私」の生きる世界を安定したものにする。たとえばテレビで、女性に暴力を振るった男が逮捕された、と言うニュースが流れる。それを見た彼氏は、「こいつは最低のやつだ」と言って、非難するだろう。なぜ最低なのかと言えば、男性は女性を守るべき役割にある、と彼が思っているからだ。そうした価値観を基準にするからこそ、女性に暴力を振るった男が「最低」だという評価は、確固たるものになる。（もちろん、そもそも他人に危害を加えることはいけないことだ、と彼が思っている可能性もあるが）。

つまり**価値体系は、この世界で起こる出来事の意味を確定するものとして機能する**のだ。その価値体系を前提にするからこそ、「私」は世界で起こることを理解できる。もしも価値体系が失われてしまったら、あるいはそれが簡単に覆ってしまうものだったら、「私」には世界で起こることの意味を理解できなくなるだろう。だからこそ、「私」は自分が慣れ親しんでいる価値体系に固執するのである。

それだけではない。当然のことながら、この世界には「私」も帰属している。世界に起こる出来事を評価する基準が価値体系なら、「私」自身もまた、その価値体系のなかで評価されることになる。たとえばこの彼氏は、女性に暴力を振るう男性が「最低」であるのに対して、恋人を守ることができる自分は「男らしい」と評価するかもしれない。この、「自分は男らしいのだ」という自己評価もまた、男性は女性を守るべき役割にある、という規範が確固たるものであるからこそ、安定したものになる。

そうであるとしたら、「私」が既存の価値体系に固執するのは、そうした**アイデンティティ**を確かなものにしたいからでもある、と言えるだろう。レヴィナスは、このようにして自分自身を理解することを、「**自己同定**」と呼ぶ。

そうであるとしたら、前述の事例において、彼氏は自己同定のために彼女を利用した、と考えることができる。なぜなら彼は、口では彼女を守ると言っているが、本当に守ろうとしていることは、自らのアイデンティティであるからだ。この意味において、自己同定はエゴイズムの現れである。そして彼女は、彼のこのエゴイズムの犠牲になったのである。レヴィナスは、ここには他者に対して加えられる**暴力**が示されている、と指摘する。

暴力とは負傷させ、殲滅することであるよりも、むしろ人々〔＝人格〕の連続性を中断し、もはや自分とは思えないような役割を彼らに演じさせ、約束だけでなく固有の実質をも裏切らせ、行為のそもそもの可能性を破壊に導くような行為を実行させることである。

レヴィナス『全体性と無限』

彼女は、彼氏の自己同定のために、男性によって守られるべき対象になる。彼女は、本来なら誰からも守られる必要がないにもかかわらず、守られるべき対象という「もはや自分とは思えないような役割」を演じさせられ、自分自身を裏切ることを、彼氏から強制される。彼女がそれまで培ってきた能力やキャリアを、それによって形成されているアイデンティティを、放棄するよう強いられるのだ。

この暴力は、彼女の個性に変更を迫るのではなく、個性そのものを抹消しにかかる。

なぜなら、彼氏の価値体系において、すべての女性が守られるべき対象なのであって、彼女はそうした**無数の女性の一人、誰であっても構わない女性の一人**として扱われているからだ。それは彼女の尊厳を冒涜する行為なのである。

他者を自己同定に利用するとき、「私」はその他者を、既存の価値体系を構成する匿名的な要素の一つとして扱うことになる。このようにして他者から個性を否定する力を、レヴィナスは、「**全体性**」と呼ぶ。

> 全体性のなかでは、個体は、知らずに自分に命令を下してくる諸力の担い手に還元されてしまう。個体は、この全体性からみずからの意味を（この全体性の外側では見えないような意味を）借り受ける。
>
> レヴィナス『全体性と無限』

全体性において、人間はそれを構成する要素へと「還元」される。全体性のなかで人間には、その全体性を支えるための、意味が割り当てられる。たとえば女性には、既存の価値体系におけるジェンダー規範を維持するために、守られるべき対象という役割が与えられる。しかしそれを強制することは、人間の個性を否定する暴力として発露する。前述の事例においても、こうした全体性の暴力が発動していたと考えて、間違いないだろう。

他者の無限性と「顔」

他者の個性は全体性のなかで抹消される。しかしこのことは、見方を変えれば、**他者の個性が全体性には還元できないものであること、その意味において、全体性を超えるもの**であることを前提としている。レヴィナスは、そうした性質を「**無限**」と呼ぶ。すなわち他者は、「私」の信じる価値体系から、無限に隔たったものなのである。そして、そうした無限性を「私」に突きつけるものこそ、他者の「顔」に他ならない。

〈他人〉の顔は、私に委ねる形態的な像を、そして私の尺度やその《観念されたもの》の尺度に見合った観念――合致した観念――をたえず破壊し、そこから溢れ出る。

レヴィナス『全体性と無限』

たとえば、前述の事例において、彼氏は彼女を守られるべき対象として理解しようとした。しかし、そのように扱われた彼女は、表情のない顔を彼に示した。彼はその彼女の顔を見て、混乱に陥った。彼には、彼女の顔が何を語ろうとしているのかを、理解することができなかった。

なぜだろうか。レヴィナスの哲学に従うなら、その理由は次のように説明できる。すなわち、彼にとって彼女の顔は、彼女が彼の価値体系に還元できる存在ではないこと、その全体性から無限に隔たった存在であることを、彼に示しているからである。その意味において、彼女の顔は、彼の全体性を超えたものなのだ。

もっとも彼は、彼女の顔のうちに現れたその無限性を、結局、また否定してしまう。なぜなら、後日、「君よりも年収が低い俺が、君のことを守るなんて言うのは、間違っていたよね」と釈明しているからだ。このとき彼は、彼女が怒った理由を、自分に彼女を守れるだけの力がないという点に見出し、男性が女性を守るべきであるという価値体系に問題があったとは考えなかった。そう釈明することで、彼は再び、彼女を全体性へと還元しようとしたのである。

当然のことながら、この釈明に彼女は納得しない。だから彼は、「あなたは何も分かっていないよ」と、再び突き放されたのである。おそらく、そう言う彼女の顔も、彼にとっては捉えどころのない、説明のし難い様相を呈していただろう。

彼はどうしたらよかったのだろうか。どうすれば、彼女を全体性へと還元するのではなく、彼女の個性を尊重し、無限なものとしての彼女と接することができたのだろうか。彼は彼女をどう理解すればよかったのだろうか。

結論から言えば、**相手を理解できると思い込むこと自体が、他者の無限性の否定**である。なぜなら、理解するということは、自分がすでに知っていること、自分が理解することのできる事象へと、他者を落とし込むことを意味するからだ。そしてそれもまた、他者を全体性へと還元する暴力なのだ。

「あのとき君はこう思っていたんだよね」と他者に迫ること、そしてそうであるに違いないと確信し、自分一人で納得しようとすること、その姿勢そのものが他者性の否定なのである。

「私」には他者を理解することができない。他者は「私」から無限に隔たっている。しかし、そうであるとしたら、「私」はもはや他者と関わらないほうがよいのではないか。他者と接していれば、「私」は必ず他者を傷つけるのであり、それは他者にとってだけでなく、「私」にとっても、有害なことなのではないか。人間はみんななるべく他者と関わらず、一人で慎ましく生きるべきなのではないか。

ところが、レヴィナスはそうは考えない。たしかに「私」には他者を理解し尽くすことはできない。それでも、そうした他者と関わることは、「私」にとって肯定的な意味を持っている、と彼は言う。

自分の自己同一性に固定され、分離した存在、すなわち〈同〉、〈自我〉が、自己同一性の力だけでは内包も受容もできないものを、それでも自分のなかに内包するという、およそ途方もない事実のうちで、無限の無限化は生起する。

レヴィナス『全体性と無限』

無限なものとしての他者と接するとき、「私」の自己同定は機能不全に陥る。「私」は、それまで自分のアイデンティティの基礎となっていた価値体系が、目の前の他者には通用しないことを思い知る。前述の事例で言えば、男性が女性を守るべきだと考えていた彼は、彼女の顔を前にして、その価値体系が自明ではないことに気づく。しかし、それは同時に、「女性を守ることができる男らしい自分」というアイデンティティが不安定になる、ということでもある。

しかし、見方を変えれば、それは彼が自分を制約していた価値体系を乗り越えられるチャンスでもある。彼自身がその中に埋め込まれ、それ以外の考え方など不可能だと思われていた全体性から、解放されるチャンスなのだ。彼はそれによって、男性が女性を守るべきである、という規範そのものに、疑いの目を向けることができるようになるかもしれない。女性を守れるほど強く頼られる存在でいなければならない、という、自分を駆り立てていた焦りから、脱け出すことができるかもしれない。

つまり、**他者の無限性に接するということは、自己同定が機能不全に陥ることであると同時に、その背景にある全体性から自由になること**でもあるのだ。だからこそ「私」は、自分のアイデンティティが不安定になるにもかかわらず、理解し尽くすことのできない他者と関わろうとするのである。

レヴィナスは、人間が無限なものとしての他者をこのように求めることを、「**欲望**」と呼び、それに対して他者を全体性へと還元しようとすることを、「**欲求**」と呼んで、両者を区別する。欲求は暴力である。それは、他者を理解し尽くすことを目指し、自己同定のために利用する。他者を、自分が知っているもの、世の中によくあることの一つに置き換え、それによって安心を得ようとする。

それに対して、欲望は理解し尽くせない他者を目指す。どれだけ追い求めても辿り着けないこと、どれだけ分かろうとしても分かれないものが、欲望を生み出す。欲望は、「私」を安心へと向かわせるのではなく、自分自身を縛る全体性の解体を引き起こすのである。

他者に向かい合うこと

それでは、そうした他者への欲望はどのようにして成就するのだろうか。他者を理解したいと思っても、そもそも他者は理解しえない。そうであるとしたら、「私」は、そのように自分から無限に隔たった他者と、どう接するべきなのだろうか。

レヴィナスによれば、そのために必要なのは、他者と向かい合うこと、そして対話することである。彼は次のように述べる。

〈他〉を知り、〈他〉に到達したい、という野心は、他人との関係のうちで成し遂げられる。他人との関係は言語の関係のうちに入りこんでおり、言語の本質とは、呼びかけ、呼格である。他者に呼びかけるやいなや、他者はその異質性をそのままに維

持され、確認される。

もちろん、どれだけ対話を積み重ねたとしても、「私」が他者を知り尽くすことなどできない。しかし、対話するということ自体は、他者の他者性を尊重することであるのだ。

たとえば前述の事例において、彼氏は、誤ったジェンダー規範に基づいてはいたが、ともかく彼女の対話しようとはしていた。彼女に話しかけてはいた。それは彼が、一方では、彼女に他者性を認めてもいたからだ。もしも、彼が彼女を自分と完全に同一視し、彼女を自分の一部のように考えていたら、彼は彼女に話しかけすらしなかっただろう。その場合には、何も話さなくても、すべての価値観が共有されているはずだからである。その限りにおいて、彼にはまだ救いがある。それに対して、彼女とそんな話を一度もしていないにもかかわらず、心のなかで「俺が彼女を守る」と念じており、彼女もそれを共有しているはずだと思い込んでいる男がいたら、その男はいよいよもって救いようがないだろう。

重要なのは、相手と対話することであり、相手と向かい合うことである。それに対して、ただ自分の考えを相手に押し付け、相手に自分と同じ考えを共有させようとすることは、対話と呼ぶに値しない。レヴィナスは、そうしたコミュニケーションを「**レトリック**」と呼び、厳しく批判する。

> レトリックは正面からではなく斜めから〈他者〉と接する。もっとも、事物と接するように〈他者〉と接するわけではない。レトリックは、あくまでも言説であり、あらゆる術策を通して〈他人〉へと向かい、〈他人〉の諾《ウィ》を懇請するからである。しかし、レトリックに（そしてプロパガンダや世辞や外交などに）特有の本性は、このような自由を腐敗させるところにある。それゆえ、レトリックは暴力の最たるもの、言い換えれば不正なのだ。
>
> レヴィナス『全体性と無限』

前述の事例において、彼氏に求められるべき態度は、何よりもまず彼女と向かい合うことだろう。レトリックによって彼女を誘導するのではなく、彼女がどう感じたのかに耳を傾け、自分がどういう思いを抱いているのかを、誠実に語ることだ。繰り返しになるが、そうした対話を重ねたとしても、彼には彼女のすべてを理解することはできないだろう。しかし、そのように彼女と向かい合う姿勢をとること自体が、彼女の他者性を尊重することになるのである。

愛の両義性

前述の通り、レヴィナスは欲求と欲望を区別する。欲求はエゴイズムであり、暴力だ。欲望はそれを乗り越える。もしも愛が、恋人の個性を尊重するものであるとしたら、それは欲望でなくてはならない。他者への欲望は、他者と向かい合うこと、他者と対話することへと、私たちを促す。

しかし、ここには矛盾があるように思える。「私」は他者を理解したいと思うから、他者と対話するのではないか。しかし、理解したいと思うなら、それは欲求なのではないか。もしも、まったく欲求を伴わない欲望があるとしたら、それは、相手を理解できることを最初から断念している、ということを意味するだろう。それは、「どうせ話しても分かり合えるわけないけど」という諦めを前提とする対話である。果たしてそれは愛なのだろうか。

レヴィナスもまた、その点を慎重に留保している。たしかに愛は単なる暴力ではない。欲求とは異なる仕方で、私たちは他者を愛することができる。しかし、だからといって、愛が純然たる欲望であり、欲求の要素を一切伴わない、とは言えないのだ。

愛は、他人との関わりであり続けながらも、欲求に変わる。そして、この欲求は、依然として、他者、すなわち愛された者の全面的かつ超越した外部性を前提としている。

レヴィナス『全体性と無限』

レヴィナスによれば、愛は欲望であると同時に欲求である。他者を愛するとき、私たちは、他者が「全面的かつ超越した外部性」を、つまり無限性を前提としている。だからそれは相手を「私」の自己同定に利用することではない。しかし、そうであると同時に、「私」は他者を欲求しもする。つまり他者を理解し尽くしたい、他者のすべてを理解したい、と思うのである。

レヴィナスはここに愛の「**両義性**」を洞察する。**愛は欲望であると同時に欲求である。**相手が理解しえないことを受け入れながら、相手を理解しようとすることなのである。普通に考えれば両立しないように思えるその二つが、同時に成立している事態こそが、愛なのだ。

恋人たちはこうした愛の両義性に引き裂かれ、苦しむ。そして、その結果として、一つのコミュニケーションの様式が、恋人たちの間で支配的な力を持つようになる。それが、**愛撫**である。レヴィナスは次のように述べる。

> 愛撫とは、なにもつかみとらないことであり、未来《アヴニール》に向かって——決して十分に未来ではない未来に向かって——たえず自分の形態から逃げていくものを懇請することであり、あたかもいまだないかのように逃れていくものを懇請することである。

愛撫は探し求め、掘り起こす。これは暴露〔＝幕を剥ぐこと〕の志向性ではなく、探求の志向性――《不可視のもの》への歩み――である。ある意味で、愛撫は愛を表出しているが、愛を語ることができずに苦しんでいる。

レヴィナス『全体性と無限』

愛撫とは、たとえば、手を繋ぐこと、頭を撫でること、肩を抱くことなどである。手を繋ぐとき、恋人たちの手と手の触れ合いは、愛を「表出」している。「私」はその愛撫から確かに愛を感じる。しかし愛撫は、その愛にどんな意味が込められているかを、言葉のように説明してくれるわけではない。「相手がいま私の手をこんな風に触っていることには、こんなメッセージが込められているからだろう」という形で、「私」が愛撫の意味を理解することはない。

ここに愛撫の不思議な性質がある。たしかに愛撫によって愛を分かち合うことはできる。しかし、その愛を言語で説明することはできない。手を繋ぐことは、愛を伝達するための媒体ではない。「もう君の言いたいことは分かったから、手を繋がなくていいよ」などいうことはありえない。それでも愛し合う二人は手を繋ぎたいと思う。なぜなら**愛**

撫は、理解しえない相手をそれでも理解しようとするとき、愛を共有するために、唯一の残された手段だからである。

恋人たちの非社会性

前述の事例において、もしも彼氏が彼女を愛していたら、彼はこれからどう彼女と接していくのだろうか。

彼は、彼女との対話のなかで、男性が女性を守らなければならない、という自分の偏見が、間違っていたことに気づくかもしれない。しかしそれは、自分の信じていた価値体系を相対化すること、それによって自分のアイデンティティを不安定にすることである。そのとき彼の愛は試される。

彼が、彼女への愛を選び、自分が埋没していた全体性から脱することができたとしよう。そのとき二人は、社会の価値体系に囚われることのない関係を形成することになる。それは、一方において社会の価値体系から自由になることでありながら、他方において社会から断絶し、二人だけの関係へと閉ざされる、ということでもある。この意味において、**恋愛の関係は、根本的に社会から切り離されたもの、すなわち非社会的なもの**である。レヴィナスは次のように述べる。

官能のうちで、愛する者どうしのあいだに打ち立てられる関わりは、普遍化に根本的に逆らっており、社会的な関わりとは正反対のものである。この関わりは、第三者を排除し、内密性、二人だけの孤独、閉じた社会、《非－公共的なもの》の典型であり続ける。

レヴィナス『全体性と無限』

愛し合う二人は、全体性から無限に隔たったものとして恋人に接する。だからこそ二人は、社会の中でどのように位置付けられるか、ということに影響されない。社会で当たり前だとされていることは、二人の間では通用しない。愛し合う二人の生きる世界には、まるでその二人しか存在しないかのように感じられるのだ。

男性が女性を守るべきだ、と考えていた彼が、その偏見を捨て去ったとき、彼と彼女は閉ざされた二人だけの世界に生きるようになる。彼は考え方を変えるだろう。友達と会話していても、話が合わなくなることもあるだろう。もしかしたら彼の友達は、彼に助言するかもしれない。「なぁ、男が女を守らないといけないんだから、お前はもっと稼がないとダメだろ」。その言葉に、今や、彼はまったく耳を貸さない。彼にはその言葉は、どこか遠い国のおとぎ話のように聞こえさえするかもしれない。

あるいは、世間は二人の関係を、珍しいカップルだと評価するかもしれない。たとえば彼女の父親は、「お前たちは女の方が力が強いんだな。変わっているな」と言うかもしれない。しかし、その言葉を二人は意に介さない。そうした評価を気にすることは、二人の関係が社会の価値体系のなかでどのように位置付けられるかを考慮することだ。そんなことを気にすること自体が、二人の関係性を全体性のなかに還元する暴力であり、そしてこの暴力を乗り越えるものが、愛だからである。

まとめ

レヴィナスの恋愛論の特徴は、愛を他者との一体化の拒絶として説明している、という点にある。その上、彼はそれを、愛の挫折として捉えているわけではない。むしろ、一体化しえないものを目指すという点に、愛の積極性を見出している。ここに、西洋の恋愛論におけるレヴィナスの独自性がある。

形式だけを眺めるなら、レヴィナスの哲学は次のような構造によって成り立っている。「私」は自己同定するために他者を理解しようとする。それは他者を全体性へと還元することである。そうした志向は欲求と呼ばれる。それに対して、他者は無限性をその特徴としている。無限は全体性を溢れ出す。したがって、本来なら全体性を溢れ出すものであるはずの他者を、全体性へと還元することは、他者が他者であることを否定することであり、暴力である。

それに対して、無限としての他者を志向することは、欲望と呼ばれる。愛は、この欲望と欲求が同時に起こることである。愛し合う二人は、互いを理解しようとしながら、理解し尽くすことができないことに苦しむ。だからこそ、言葉によって理解し合おうとするのではなく、愛撫によって愛を分かち合おうとする。そのとき二人の関係は、全体性に還元されえないものであるがゆえに、社会から切断された、二人だけの世界を形成する。

前章で紹介したボーヴォワールは、伝統的な社会において主体性を奪われた女性が、自らの価値を正当化するために恋愛をし、その理想として愛する人との一体化を目指す、と考えていた。彼女にとってそれは、本来あるべき恋愛の姿ではなく、女性の人生を生きづらいものにし、苦悩をより深くする。この問題をレヴィナスの語彙で説明するなら、こうなるだろう。すなわち、伝統的な社会で主体性を奪われた女性は、いわば全体性のなかで女性の演ずるべき役割を押し付けられた、暴力の被害者なのだ。

それに対してボーヴォワールは、本来の恋愛とは、主体性をもった自由な人間の間でこそ成立する、と考えていた。彼女のいう主体性とは、自分の人生を自分で選択できるということである。彼女が理想としていたのは、恋愛を始める前の主体性を、恋愛をしている最中においても一貫して保持し、それを決して譲り渡すことも、奪われることもない関係性である、と言えるだろう。

それに対して、レヴィナスはむしろ、恋愛はこうした「私」の主体性を断念させるものである、と考えているのではないか。なぜなら、他者への愛は「私」の自己同定を挫折させ、「私」の信じる価値体系を相対化し、アイデンティティを不安定にするからである。

しかしそれは、「私」を不自由にするわけではない。なぜなら、そうした他者を愛することによって、それまで自分が囚われていた全体性から、「私」は自分自身を解放することもできるからだ。

もちろん、だからといって、ボーヴォワールの考えていた主体性が、他者を支配する暴力であると言いたいわけではない。ただ、彼女が、恋愛を始める前と後で一貫して主体性を保ち続けることを理想としていたのに対して、レヴィナスは、他者を愛することで「私」が大きな変容を経験することを、むしろ肯定的に捉えているのである。その点において、両者の見方にはやはり違いがある。

「なぜ恋人と分かり合えないのか」。その問いに対するレヴィナスの答えは、次のようなものだろう。なぜなら、**理解し尽くすことができない他者を求めることが、愛**だからだ。それに対して、もしも分かり合えたと思ってしまったなら、相手を理解し尽くすことができたと勘違いしてしまったなら、それはもはや愛ではないのである。

おわりに

本書はこれまで、プラトン、デカルト、ヘーゲル、キルケゴール、サルトル、ボーヴォワール、レヴィナスの、七人の哲学者の恋愛論を紹介してきた。

これらの思想は、歴史的に見れば、互いに密接に連関している。ただし、そこに優劣があるわけではない。どの恋愛論にも、それぞれの魅力や説得力があり、また問題点もある。重要なのは、これらの哲学を介することで、あなた自身が、あなたの恋愛観を問い直すということだ。それに貢献できる哲学者が、きっと、あなたにとって必要な人物だ。

とはいえ、このままでは、ただ哲学者を並列させただけで終わってしまう。それではもったいないのも事実だろう。そこで最後に、七名の哲学者を簡単に比較することで、本書を終えることにしたい。

比較をするためには観点が必要である。本書はそうした観点として、恋人との一体性、恋人との相互性、愛の理解可能性、という三つを設定することにしよう。それぞれの観点について、それを代表する哲学者を紹介しながら、簡単に解説したい。

第一に、**恋人との一体性**が意味しているのは、恋人と一つになるということが、恋愛が成立するためには必要であるという考え方だ。そうした一体性をもっとも強く要請するのは、おそらく、ヘーゲルだろう。彼は愛を、「われであるわれわれ」へと統一することのうちに見出し、文字通り「私」が恋人と融合する事態を恋愛の理想としたからである。それに対して、この発想を断固として拒絶するのは、レヴィナスだろう。彼の考え方に従えば、恋人と一体化しようとすることは、恋人を全体性へと還元しようとする暴力に他ならない。そうした暴力を乗り越えようとするものが、彼にとっての愛なのだ。

第二に、**恋人との相互性**が意味しているのは、「私」が恋人に対して行うことを、恋人もまた「私」に対して行いうることが、恋愛が成立するためには必要であるという考え方だ。この点を重視する哲学者としては、まず、ボーヴォワールを挙げることができる。彼女は、女性を男性に依存させる社会構造を批判し、両者がともに主体性をもつ存在として関わりあう恋愛を、理想的なものとして説明していた。それに対して、サルトルは、こうした発想を認めない。彼にとって愛とは、何よりもまず愛されることを願うことであり、恋愛は非相互的な関係としてしか成立しえないからだ。「私」と恋人の相互性は、むしろ、愛を挫折させることになる。

第三に、**愛の理解可能性**が意味しているのは、恋愛において、自分がなぜ相手を愛しているのかを説明することができる、という考え方である。デカルトは明らかにこのような立場を支持する哲学者だろう。なぜなら彼は、愛を自分の欠如を満たすものとして捉え、それを補完する「第二の自己」として、恋人を捉えていたからだ。また彼はそれを情念という科学的に記述可能な概念によって説明していた。それに対して、このような発想を受け入れない哲学者としては、プラトンを挙げることができる。なぜなら彼は、そもそも恋愛は狂気に基づくものであり、自分がなぜ相手を愛しているのかが理解できない、ということが、本来の恋愛の条件であると考えたからだ。

この三つの観点から七名の哲学者を比較すれば、それは次のような図で表すことができる。それぞれ、「○」はその観点を肯定する者、「✖」はその観点を否定する者、「△」はその観点について明確な回答を示していない者を表している。同じ観点について、○と✖がついている者同士は、対照的な主張をする哲学者として理解することができるだろう。たとえばその意味では、ヘーゲルとレヴィナスはあらゆる点で鋭く対立している。あるいは、△の多い哲学者は、それだけ独創的な形で恋愛を論じた哲学者である、と言うこともできるかもしれない。たとえばキルケゴールの恋愛論は、他の哲学者とは違った視点から、恋愛を論じている、ということになるだろう。

　この表はあくまでも暫定的なものである。筆者は、これをもって七名の哲学者を十分に比較できたなどとは、まったく考えていない。プラトンとレヴィナスの比較、キルケゴールとボーヴォワールの比較、ヘーゲルとサルトルの比較など、とても刺激的な比較考察を展開することもできるはずだ。しかし、紙幅の制約から、それは諦めざるをえない。もしも

恋人との一体性	恋人との相互性	愛の理解可能性
△	○	×
○	○	○
○	○	○
△	△	△
×	×	△
×	○	△
×	×	×

あなたにその気があれば、ぜひ、ご自身の力で考察を深めてほしい。その際、この表は叩き台として役立つだろう。

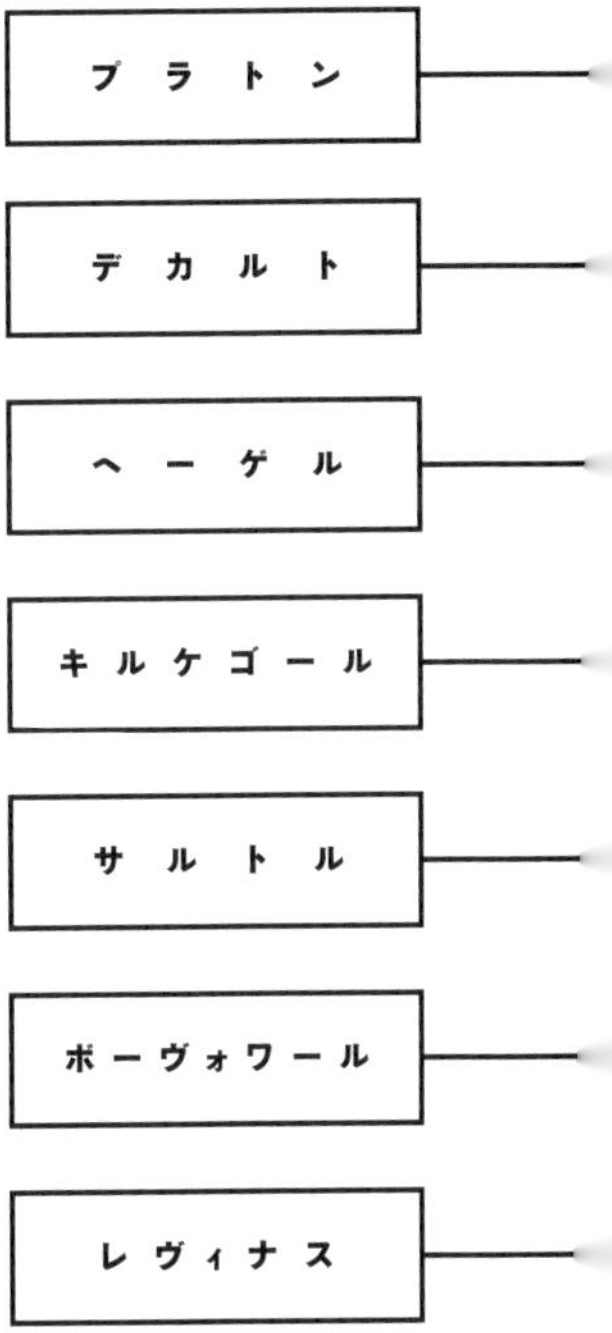

本書は、筆者が勤務している関西外国語大学において開講した「哲学」という授業の内容を書籍化したものである。授業では、グループワークを中心として、学生たちとの双方向的なディスカッションを行った。そうした対話のなかで、筆者も多くに気づきやインスピレーションを抱くことができ、その成果を本書にも反映させることができた。筆者の授業を受講してくれたすべての学生に、この場を借りて感謝を申し上げたい。

また、編集者の江坂祐輔氏にも、本書の書籍化にあたって大変なご尽力を賜った。江坂氏は、筆者の授業内容を書籍化することをご提案くださり、編集の過程でさまざまなアドバイスを与えてくださった。もともとは学生を対象としていた本書を、一冊の本にまとめることは、江坂氏の力なしには不可能だった。

＊

さて、本書に対して寄せられる反論を想像してみると、まっさきに思いつくのは、**恋愛は頭で考えて分かるものではない**、ということだ。

たしかに、それはそうかもしれない。恋愛とは、それについて思考する対象ではなく、実践されるものだからだ。恋愛についてどれだけ考えても、実際に恋愛をした方が、恋愛のことを深く理解できるだろう。そうした考え方も十分に成り立つだろう。

むしろ、恋愛について思考することは、恋愛の実践から私たちを遠ざけることにもなるだろう。思考するということは、距離を取って眺めるということだ。私たちが燃えるような恋愛をしていても、その恋愛を思考の対象とした瞬間に、思考する「私」は恋愛をする「私」から切り離され、自分を俯瞰する。そのとき、「私」は燃えるような恋愛からは遠ざかる。

しかし、筆者は、そのように恋愛について思考することが、恋愛に必要なこともある、と考えている。それは、「私」が実践しているのが、本当に恋愛なのかを、問い直さなければならないときがあるからだ。

なぜ、問い直すことが必要なのか。それは、私たちが、本当は恋愛ではないものを、恋愛だと思い込むことがありえるからだ。私たちは、場合によっては、ただの暴力でしかないものを、愛だと勘違いするかもしれない。あるいは、本当は相手を愛していないのに、周りに流されて、恋愛の模倣をしているかもしれない。恋愛についての思考が遮断されているとき、私たちにはその可能性を疑うことができない。しかし、それによっていつの間にか、自分を傷つけたり、相手を傷つけたりしているかもしれない。そしてそれがやがて致命的な事態へと発展していくこともあるかもしれない。

恋愛をするとき、私たちは、多かれ少なかれ変容する。それが恋愛の喜びであることは事実だろう。誰かに恋をするとき、誰かに愛されるとき、まるで世界の見え方は一新されたかのように感じる。今まで見たことがある景色も、食べたことがある食べ物も、恋人と一緒ならまったく違ったもののように感じる。たぶん、どのような恋愛にも、そうした感覚が伴っているだろう。

しかし、それは言い換えるなら、過去との連続性が切断されるということ、つまり過去の経験が通用しなくなる、ということである。だからこそ、恋愛に心を奪われているとき、私たちの判断力は正常に機能しなくなる。恋愛によって変容した「私」は、今日が昨日とは違った日だと感じる。だからこそ、昨日までの経験で今日を評価することもできなくなってしまう。

だからこそ、私たちには**恋愛を問い直す力**が必要なのだ。筆者はそう考える。恋愛が私たちから判断力を奪い、しかもそれが致命的な暴力へと至りうるものだからこそ、私たちは自分が本当に相手を愛しているのか、相手から愛されているのかを、思考できなければならない。そしてその思考は、そもそも恋愛とは何か、本当の愛とは何か、という哲学に裏打ちされたものでなければならない——それが、**恋愛の哲学が必要である理由**なのだ。

「はじめに」でも書いた通り、恋愛は炎に譬えられる。恋愛に夢中になるとき、あなたは自分の身体から溢れ出す炎に、戸惑いを感じることもあるかもしれない。そのとき、哲学的な思考は、その炎を操る力を、きっとあなたに与えてくれるはずだ。

あなたの炎が、自らを焼き尽くすものではなく、あなたの視界を照らし出す光になることを、祈っている。そしてその光が、あなたの隣にいる恋人の横顔を、闇の中から浮かび上がらせるものであることを、祈っている。本書が、そのために少しでも役立つことができるなら、著者としてこれ以上の喜びはない。

二〇二四年二月

戸谷洋志

引用文献一覧（［　］内は本書の掲載頁）

第1章

プラトン

『パイドロス』

（藤沢令夫訳、岩波文庫、岩波書店）2010年改版

45［18-19］頁、52［21］頁、81-2［33-4］頁、87-8［26］頁、98［23］頁、100［38］頁、102［29］頁

第2章

デカルト

『省察　情念論』

（井上庄七・森啓・野田又夫訳、中公クラシックス、中央公論新社）2002年

188［50］頁、207［56］頁、210-1［52-3］頁、251［64］頁、278［60］頁、279［61］頁、362［67］頁、363［68］頁

第3章

G・W・F・ヘーゲル

『精神現象学 上』

（熊野純彦訳、ちくま学芸文庫、筑摩書房）2018年

297［93-4］頁、302-3［78］頁、305［81］頁、305［85-6］頁、308［87］頁

ヘーゲル

『法の哲学 II』

（藤野渉・赤沢正敏訳、中公クラシックス、中央公論社）2001年

34［96］頁、40-1［97-8］頁

第4章

キルケゴール

『ワイド版 世界の大思想——08キルケゴール あれか、これか』

（浅井真男〈訳者代表〉、河出書房新社）2005年

378-9［124］頁、383［125-6］頁、405-6［128-9］頁、422［110-1］頁、425［113-4］頁、432［118-9］頁

第5章

ジャン＝ポール・サルトル

『存在と無　現象学的存在論の試みⅡ』

（松浪信三郎訳、ちくま学芸文庫、筑摩書房）2007年

184頁［142-3］頁、374-5［150-1］頁、376-7［148］頁、385-6［153］頁、400［156］頁

第6章

ボーヴォワール

『決定版　第二の性―Ⅱ体験　上巻―』

『決定版　第二の性―Ⅱ体験　下巻―』

（『第二の性』を原文で読み直す会、新潮文庫、新潮社）2001年

上12［167-8］頁、上34［170-1］頁、上48［172-3］頁、上66［180］頁、上86-7［176］頁、上102-3［177-8］頁、上362［166］頁、下316［183］頁、下322-3［181-2］頁、下334［187］頁、下335-6［185-6］頁、下338［164］頁、下363［163］頁、下365［189］頁

戸 谷 洋 志（とや・ひろし） 1988年東京都生まれ。立命館大学大学院先端総合学術研究科准教授。法政大学文学部哲学科卒業後、大阪大学大学院文学研究科博士課程修了。博士（文学）。ドイツ現代思想研究に起点を置いて、社会におけるテクノロジーをめぐる倫理のあり方を探求する傍ら、「哲学カフェ」の実践などを通じて、社会に開かれた対話の場を提案している。著書に『ハンス・ヨナスの哲学』（角川ソフィア文庫）、『ハンス・ヨナス 未来への責任』（慶應義塾大学出版会）、『原子力の哲学』『未来倫理』（集英社新書）、『スマートな悪 技術と暴力について』（講談社）、『友情を哲学する 七人の哲学者たちの友情観』（光文社新書）、『SNSの哲学 リアルとオンラインのあいだ』（創元社）、『親ガチャの哲学』（新潮新書）など。2015年「原子力をめぐる哲学——ドイツ現代思想を中心に」で第31回暁烏敏賞受賞。

恋《れん》愛《あい》の哲《てつ》学《がく》

2024年2月25日 初 版
2024年10月5日 4 版

著 者 戸 谷 洋 志

発行者 株 式 会 社 晶 文 社

東京都千代田区神田神保町1-11 〒101-0051
電話 03-3518-4940（代表）・4942（編集）
URL https://www.shobunsha.co.jp

印刷・製本 中央精版印刷株式会社

ISBN978-4-7949-7411-2 PRINTED IN JAPAN